KB123175

소설은 실패를
먹고 자란다

소설은 실패를
먹고 자란다

비전공자의 소설 쓰기

정진영

경험들

piper
press

목차

1

실패한 경험이 많을수록
좋은 직업

전공은 필요조건이 아니다

지난 2014년 11월 1일 오후 6시, 한양대학교 서울캠퍼스 백남음악관에서 제25회 유재하 음악경연대회가 열렸다. 총 597팀이 대회에 지원해 두 차례 예선을 치렀고, 그중 10팀이 본선에 올랐다. 이날 열린 대회는 본선에 오른 10팀의 순위를 결정하는 자리였다.

당시 한 일간지 문화부의 음악 기자였던 나는 본선을 취재하기 위해 백남음악관 객석에 앉아있었다.

이날 내 관심을 끈 참가자는 실용음악과 무관한 전공을 가진 학생들이었다. 「한여름 밤의 꿈」으로 본선에 진출한 '익명의 시인들'은 연세대 신학과 4학년생 김명정과 천문우주학과 4학년생 김현우로 구성된 듀오였다. 「한강」을 무대에 올린 백승환은 단국대 커뮤니케이션학부 3학년에 재학 중인 학생이었다.

두 참가자의 곡은 다른 참가자들의 곡보다 덜 복잡한 화성을 사용하고 상대적으로 아마추어에 가까웠지만, 신선하고 기발했다. 다른 참가자들의 곡은 대체로 재즈 화성을 기반으로 탄탄한 기본기를 갖추고 있었는데, 지나치게 프로답다는 인상을 줬고 심심했다.

'익명의 시인들'과 백승환은 동상을 받았다. 객석은 더 큰 상을 받은 다른 참가자들보다 두 팀에 더 많이 호응했다.

유재하 음악경연대회에는 독특한 징크스 하나가 있다. 동상을 받은 참가자가 더 큰 상을 받은 참가자보다 나중에 더 잘나간다는 징크스. 싱어송라이터 루시드폴과 이규호, 밴드 불독맨션의 이한철은 5회 대회에서 동상을 받았다. 6회 대회 동상 수상자는 그룹 BTS를 만든 방시혁 하이브 이사회 의장이다.

그뿐만이 아니다. 재주소년 박경환(14회), 싱어송라이터 오지은(17회), 음악 예능 「슈퍼밴드」로 유명세를 탄 싱어송라이터 홍이삭(24회) 등 현재 활발하게 활동 중인 뮤지션 상당수가 동상 수상자 출신이다. '익명의 시인들'의 멤버 김명정도 이후 김므즈라는 예명으로 다른 참가자보다 한발 앞서 첫 정규 앨범을 냈다.

공교롭게도 잘나가는 동상 수상자들에겐 공통점이 하나 더 있다. 바로 실용음악 전공자가 아니라는 사실이다. 이들의 학부 시절 전공을 살펴보면 이규호는 전기공학과, 이한철은 정치외교학과, 루시드폴은 화학공학과, 방시혁은 미학과, 재주소년 박경환은 철학과, 오지은은 서어서문학과, 홍이삭은 언론정보학과(중퇴)다.

소설 창작도 마찬가지여서 문단이 문예창작학과, 국어국문학과 등 관련 전공자들의 독무대라고 보긴 어렵다. 경영학을 전공한 김영하 작가, 법학을 전공한 성석제 작가, 프랑스어문학과 신문방송학을 전공한 박상영 작가처럼 비전공자 출신 유명 작가가 적지 않다. 도시공학을 전공한 장강명 작가, 화학을 전공한 김초엽 작가, 재료공학을 전공한 이미예 작가처럼 이공계 출신 작가도 늘고 있다.

기성 작가뿐만이 아니다. 최근에 낙타가 바늘구멍 통과하기만큼 어렵다는 신춘문예에서 무려 2관왕을 차지했던 작가도 비전공자였다. 2021년 조선일보와 서울신문 신춘문예 소설 부문에 동시에 당선된 윤치규 작가는 노어과를 중퇴한 뒤 육군3사관학교를 졸업한 은행원 출신이다. 2023년 조선일보와 한국일보 신춘문예에 동시에 당선된 전지영 작가는 기악과를 중퇴했다. 이밖에도 수많은 비전공자가 소설가로 활동 중이다.

전공이 무용하다는 결론을 내려는 의도로 이런 다양한 예를 든 건 아니다. 전공은 소설 창작의 필요조건이 아님을 강조하고 싶었을 뿐이다. 악보를 보는 법과 악기를 다루는 방법을 배운다고 작곡할 수 없듯이, 소설 창작 수업을 듣는다고 소설을 쓸 수 있는 사람이 되진 않는다.

소설을 쓰는 사람이 되려면 일단 써야 한다. 말장난처럼 들리겠지만, 소설을 써야만 내가 소설을 쓸 수 있는 사람인지 알 수 있다. 작법을 고민할 시간에 일단 들이대서 한 글자라도 쓰는 게 소설 창작에 훨씬 도움이 된다.

자신이 소설을 쓸 수 있는 사람인지 알게 된다면, 비전공자라는 '핸디캡'은 오히려 전공자보다 더 다양한 경험을 해 소설로 쓸 이야기가 많다는 '베네핏'으로 바뀐다.

소설은 실패를 먹고 자란다

나는 3수로 대학에 들어가 법학을 전공했고, 뜬금없이

학점은행제로 컴퓨터공학 학사 학위를 받았다. 그런데 밥벌이로 선택한 직업은 전공과 상관없는 신문기자였고 11년 동안 마감지옥 속에서 살았다.

음악을 따로 배우진 않았지만, 여러 곡을 만들어 앨범도 냈었다. 몇몇 곡은 독립 영화 음악과 유명 화장품 광고 음악으로도 쓰였다. 따로 문학 창작 수업을 들은 일은 없지만, 지금까지 장편소설 6편을 출간하고 산문집도 하나 썼다. 그중 1편은 드라마로 만들어졌고, 2편은 드라마로 만들어질 예정이다. 드라마로 만들어질 1편은 직접 각색까지 맡아 드라마 작가 데뷔를 앞두고 있다.

이 같은 다채로운 경력을 자화자찬으로 봤다면 크게 오해한 거다. 다시 살펴보라. 일관성이라고는 조금도 찾아볼 수 없다. 한 우물을 파는 데 성공했다면, 그 우물을 버리고 떠나 여기저기 헤맸겠는가.

조직 생활을 오래 해본 직장인이라면 알 테다. 경력에 일관성이 없다는 건, 여기저기 손을 댔다가 실패한 경험이 많다는 의미다. 기업이 경력직을 채용할 때 가장 꺼리는 부류다. 하지만 소설 창작에 있어선 다양한 실패가 큰 자산이 된다.

내 소싯적 꿈은 로커였다. 부모님께선 내가 '딴따라'가 되는 걸 원하지 않았기 때문에 나는 기타를 몰래 독학했다. 악보도 볼 줄 모르는 '음맹'이었지만, 기타를 연습하다 보니 내 곡을 만들고 싶다는 욕심이 생겼다. 어설프게 만든 멜로디를

편곡하기 위해 컴퓨터로 음악을 만드는 미디MIDI를 혼자 익혔고, 이는 학점은행제 컴퓨터공학 학위 취득으로 이어졌다.

그 시절에 나는 멜로디에 가사를 붙이다가 글쓰기를 시작했다. 내 글쓰기의 시발점은 음악이었던 셈이다. 이때 경험은 내 장편소설 『다시, 밸런타인데이』에 녹아 있다.

음악에 정신이 팔려 뒤늦게 입시 공부에 뛰어들었고, 당시 사귀던 여자친구를 따라 같은 대학 같은 학과에 진학해 팔자에도 없는 법대생이 됐다. 여자친구와 함께 캠퍼스를 돌아다니는 일은 즐거웠지만, 원했던 전공이 아니다 보니 전공 서적을 들여다보는 일보다 소설을 읽고 음악을 듣는 일이 훨씬 즐거웠다.

이 선택은 몇 년 후 여자친구가 사법시험에 합격한 뒤 내게 이별을 고하는 바람에 비극으로 끝났지만, 그 시절에 억지로 읽은 수많은 판결문이 나중에 기자로 일하며 취재하고 소설을 쓰는 데 큰 도움이 됐다. 국회의 입법 기능을 다룬 장편소설 『정치인』은 학부 시절에 익힌 전공 지식이 없었다면 쓰지 못했을 작품이다.

나는 대학에 다니면서 틈틈이 소설을 썼는데 어떤 출판사도 내 원고를 받아 주지 않았다. 신춘문예, 문예지 신인 공모, 장편소설 공모에도 도전했지만 단 한 번도 본심에 이름이 언급되지 않았다. 졸업 전에 "이거 아니면 죽음을 달라"는 자세로 썼던 장편소설도 모든 공모에서 탈락했고 투고한 모든 출판사에서 거절당했다.

글을 쓴답시고 휴학을 밥 먹듯이 한 터라 졸업 당시 내 나이는 서른을 앞두고 있었다. 의대도 6년이면 졸업하는데 한심한 일이었다. 그때 느낀 막막하고 부끄러운 기분이 나중에 소설가로 데뷔할 때 얼마나 큰 도움이 될지 그땐 몰랐다. 그 시절의 경험이 내 데뷔작인 장편소설 『도화촌기행』으로 이어졌으니 말이다.

더는 소설을 쓰고 싶지 않았지만, 글밥을 먹고 살고 싶다는 마음은 포기가 안 됐다. 방법을 고민하다 보니 문득 기자라는 직업이 떠올랐다. 기자로 일하면 글밥을 먹을 길이 열리지 않을까 싶었다. 뒤늦게 여러 언론사 공채에 지원서를 들이밀었는데, 학점이 개판이고 토익 점수와 같은 정량 스펙도 엉망이어서 서류 통과조차 어려웠다. 언론고시 공부를 해보지 않았으니 필기시험을 치를 기회가 와도 좋은 점수를 못 받았고, 나이 또한 신입으로 취직하기에 많은 편이었다. 여기저기 다 떨어지고 밀려서 취직한 첫 직장이 고향에 있는 지방지였다.

이 초라한 시작이 나중에 소설을 쓸 때 얼마나 많은 이야깃거리를 제공해줄지 그땐 전혀 상상하지 못했다. 내 장편소설 『침묵주의보』 『젠가』에 당시 경험이 고스란히 담겼다.

다양한 경험, 그중에서도 실패한 경험이 많을수록 소설을 쓰는 데 좋다. 소설은 얄궂게도 실패를 먹고 자란다. 나는 마음이 평안하고 살림이 넉넉한데 소설을 쓰는 사람을 단 한 번도 본 일이 없다.

엔딩 장면을 먼저 결정하라

소설가는 관종이다. 아무도 읽지 않을 소설을 쓰려는 소설가는 없다. 솔직히 말해 보자. 당신이 이 글을 읽는 이유는 비전공자이지만 소설을 써서 세상에 이름을 알리고 싶기 때문 아닌가? 아무리 말수가 적고 점잖아 보여도 소설가가 관종이라는 본질은 달라지지 않는다. 그게 아니라면 주소를 잘못 찾았으니 그냥 일기 쓰기를 권한다.

이 자리에서 나는 소설 쓰기 작법을 논할 생각이 없다. 나는 작법서를 읽어본 적도 없고, 소설 쓰기와 관련한 강의를 들어본 적도 없다. 당연히 문우도 없었고, 문우와 함께 서로의 작품을 합평해 본 경험도 없다. 그런 내가 이론에 바탕을 둔 작법 강의를 한다는 건 말도 안 되는 일이다.

하지만 나는 소설을 쓰고 있고 그 결과물을 꽤 부지런히 세상에 내놓고 있다. 내가 지금까지 출간한 작품을 어떻게 써서 세상에 내놓았는지 그 과정을 설명만 해도 꽤 많은 이야기가 나올 듯싶었다. 기존 작법서와 완전히 다른 콘셉트를 가진, 그야말로 실전에 가까운.

소설을 어떻게 쓰는지 요령을 알려달라는 질문을 받을 때가 많은데, 그럴 때마다 나는 엔딩 장면을 미리 결정해 보라고 답한다. 작가마다 서로 의견이 다르겠지만, 내가 소설에서 가장 중요하게 여기는 건 서사다. 소설이란 한자의 뜻을 그대로 풀이하면 '작은(小)' '이야기(說)'다. 그렇다. 소설은 이야기다. 따라서 어떤 사건의 전개 과정을 개연성 있게 전달하는 양식인 서사가 가장 중요하고, 미리 엔딩 장면을 결정하면 서사를 보다 효율적으로 전개할 수 있다는 게 내 생각이다.

미리 결정한 엔딩은 꽤 많은 장점을 갖고 있다. 저 멀리 보이는 커다란 나무가 목적지라고 가정해 보자. 그 나무까지 연결되는 길이 있다면 별문제가 없을 텐데, 길이 없다면 어떻게 할 텐가. 풀숲을 헤치며 나아갈 수도 있다. 그 과정에서 개울을 만나 건너야 할 때도 있을 테고, 때로는 먼 길을 돌아서 가야할 때도 있을 테다. 하지만 목적지가 확실하므로, 나무만 똑바로 보고 나아간다면 언젠가는 반드시 나무에 닿는다. 목적지 없이 아름다워 보인다는 이유만으로 길 없는 풀숲으로 발을 들이면 어떻게 될까. 아무 데도 가지 못하고 헤매다가 엉뚱한 곳으로 빠져나올 가능성이 크다.

소설을 처음 쓰는 사람이 많이 저지르는 실수 중 하나는 지나치게 도입부에 힘을 준다는 점이다. 어떻게 이야기를 끝낼 것인가에 관해선 의외로 관심이 별로 없다. 도입부만 매만지다가 앞으로 나아가지 못하고 헤매는 경우가 꽤 많다.

훌륭한 도입부가 훌륭한 엔딩을 보장해 주지 않는다. 도입부를 인상적으로 쓰는 데 시간을 들이기보다, 완벽하지 않아도 좋으니 일단 쓰던 글을 어떻게든 마치는 게 좋다. 앞부분만 명작인 습작은 아무런 의미가 없다. 이야기는 어떻게든 끝이 나야 한다. 그래야 새로 시작할 수 있다.

2

일단 시작하고
반드시 완성하라

: 장편소설 『다시, 밸런타인데이』

「러브레터」가 쏘아 올린 작은 공

2000년 1월, 나는 고등학생으로서 마지막 겨울방학을 보내고 있었다. 원하는 대학에 지원조차 해보지 못하고 입시를 마친 나는 긴 자유시간이 난감했다.

학창 시절 로커를 꿈꿨던 나는 메탈리카, 주다스 프리스트, 헬로윈 같은 세계적인 밴드를 만들어 대형 무대에 서고 싶었다. 나는 실용음악과에 진학하고 싶었지만, 부모님은 "우리 집안에 딴따라는 없다"며 단호하게 반대했다.

공부와 음악 사이에서 갈팡질팡한 결과는 높지도 낮지도 않은 애매한 수학능력시험 점수였다. 나는 대충 점수에 맞춰 떠밀리듯 집 근처 대학에 진학하기로 했다.

무기력하게 하루하루를 흘려보내던 나는 과월호 잡지를 통해 흥미로운 소식을 접했다. 일본 영화 「러브레터」가 뒤늦게 국내에 정식으로 수입돼 상영 중이라는 소식이었다.

그 시절 고등학교에는 일본 문화에 열광하는 학생이 한 반에 최소한 몇 명은 있었다. 그들은 쉬는 시간이면 자연스럽게 모여 일본의 영화, 드라마, 음악에 관한 정보를 교환하곤 했다. 그때 귀동냥으로 「러브레터」에 나오는 여자 배우가 정말 예쁘다는 이야기를 여러 차례 들었던 터라, 언젠가 기회가 되면 꼭 영화를 봐야겠다고 별러 왔었다.

내가 사는 대전에는 「러브레터」를 상영 중인 극장이 없었다. 남아도는 시간이 지겨웠던 나는 다음 날 바로 서울행 무궁화호 열차를 탔다.

스크린에 엔딩 크레딧이 올라갈 때 느꼈던 먹먹한 기분을 오랜 세월이 흐른 지금도 잊을 수 없다. 드러날 듯 말 듯 아련하게 이어지는 절제된 감정선, 아름답다는 말로 표현하기 어려운 홋카이도 오타루의 설원, 그 위로 깔린 레미디오스Remedios의 감성적인 OST, 그리고 주연인 나카야마 미호가 외친 명대사. "오겡키데스카! 와타시와 겡키데스!".

이 영화를 본 후의 나는 보기 전의 나와 다른 사람이 됐다. 살면서 처음으로 사랑이란 걸 해보고 싶어졌으니 말이다. 그날 이후 「러브레터」는 내 인생 로맨스 영화가 됐다.

그해 봄, 나는 대학 캠퍼스에서 첫 연애를 시작했다. 그 연애를 통해 나는 사랑의 마법을 처음으로 경험했다. 무채색으로 느껴졌던 세상이 총천연색으로 보였고, 다음 날에 어떤 일이 벌어질지 기대하게 됐다. 무작정 몇 시간 동안 여자친구를 기다려도 지루하지 않았고, 그녀와 함께 있는 시간이 너무 빨리 지나가버려 당황스러웠다.

무엇보다도 놀라웠던 경험은 누군가를 사랑하고 그 사람에게 사랑받는 일이 얼마나 기쁜지 알게 됐다는 점이다. 가수 김연자가 「아모르 파티」로 노래했듯이, 나는 삶에서 "결혼은 선택"일지 몰라도 "연애는 필수"라는 데 격하게 동의한다.

나는 그 감정을 표현하고자 어느 때보다 많은 곡을 습작했다. 내 안에서 가장 많은 멜로디가 넘쳐 흘러나왔던 시절이다. 하지만 감정을 가사로 온전히 담아내기가 어려웠다.

가사는 시처럼 의미를 함축한 운율을 가진 글이다. 구구절절 구체적인 상황만 묘사한 내 가사는 유치했다. 연습장에 주저리주저리 가사를 적어 내려가던 나는 차라리 소설을 쓰는 게 낫겠다고 푸념했다.

그때 문득 「러브레터」가 떠올랐다. 영화를 본 후 느꼈던 먹먹한 기분을 내 경험과 엮어 소설로 남기고 싶다는 충동이 들었다. 무작정 워드프로세서를 실행하고 텅 빈 화면에 반짝이는 커서와 마주했던 2002년 12월 어느 날 저녁, 나는 소설 쓰기의 세계에 첫발을 내디뎠다.

고민할 시간에 한 글자라도 쓰자

고민이 필요한 일도 분명히 있다. 하지만 지나치게 고민하면 시작조차 못 하고 후회하는 일이 생기기도 한다. 한창 가상화폐 광풍이 불던 시절, 나는 비트코인 시세가 떨어질 거로 믿고 있다가 매수 타이밍을 놓쳤다. 결과는 다급한 추격 매수와 손절매였다. 미국 주식 시장이 활황이던 시절에도 눈치만 보며 투자를 망설이다가 손가락만 빨았다. '영끌' 하면 가능할 줄 알았던 서울의 '국평' 아파트 매입도 실거래가만 바라보는 사이에 닿을 수 없는 꿈이 돼버렸다. 아무래도 나는 부자로 살 팔자는 못 되나 보다.

돌이켜 보니 일단 들이댔기 때문에 좋은 결과로 돌아왔던 일도 꽤 있었다. 만약 내가 악보도 읽을 줄 모르는 부족한 음악 지식 때문에 작곡을 시도조차 하지 않았다면, 캠퍼스

축제 무대에 올라 내가 만든 노래를 여자친구에게 선물로 불러주는 짜릿한 경험을 해보지 못했을 테다. 만약 내가 살찐 몸 때문에 장거리 라이딩을 망설였다면, 자전거 국토 종주를 성공하는 기쁨을 누리지 못했을 테다. 무작정 떠나 개고생했던 자전거 국토 종주 성공 경험 덕분에 나는 전국의 모든 자전거길을 달리는 '그랜드 슬램'도 성공할 수 있었다.

내가 처음으로 소설을 써야겠다고 결심했을 때 가지고 있던 아이디어는 마지막 장면 하나뿐이었다. 주인공이 뒤늦게 자신을 사랑하는 사람의 존재를 눈치채고 그를 향해 숨이 차도록 뛰어가는 모습. 설원에 서서 세상을 떠난 연인을 향해 잘 지내고 있느냐고 목이 터져라 외치는 「러브레터」의 주인공처럼.

문제는 내가 단 한 번도 소설을 써 본 경험이 없었다는 점이다. 학창 시절에 문예반 활동은커녕 작문조차 제대로 해본 경험이 없었다. 내게 익숙한 글쓰기는 가사 쓰기가 전부였다. 어디서부터 어떻게 손을 대야 할지 전혀 감을 잡을 수 없었다. 워드프로세서에 한 글자도 적지 못 한 채 며칠이 흘러갔다.

아무것도 모르는 채 작곡을 해보겠다고 달려들었던 경험이 난관을 푸는 열쇠가 됐다. 나는 작곡할 때 '싸비(노래에서 절정부 혹은 후렴구를 의미하는 은어)'를 먼저 만들고 역순으로 살을 붙여 노래를 완성하는 방식으로 작업했다. 똘똘한 '싸비'만 나오면 노래의 나머지 부분은 저절로 만들어지는 경험을 여러 차례 했다.

내게 소설의 마지막 장면은 노래의 '싸비'와 비슷한 개념처럼 보였다. 나는 마지막 장면을 '싸비'로 삼은 뒤 시간 역순으로 마지막 장면이 나와야 할 이유를 하나하나 만들어 나갔다.

일단 주인공은 대학교 1학년 여학생으로 정해졌다. 내 나이와 비슷한 주인공을 내세워야 쉽게 이야기를 풀어갈 수 있을 것 같았다. 여성을 주인공으로 삼은 이유는 전적으로 「러브레터」의 영향이다. 심리 묘사에 애를 먹어 이후에 다시 여성을 주인공으로 내세운 소설을 쓴 일이 없는데, 이에 관해선 나중에 더 이야기를 풀겠다.

소설에 현실감을 더하고자 내게 익숙한 장소인 대학 캠퍼스를, 음악을 소설의 중요한 소재로 다루고 싶어 밴드 동아리를 주요 배경으로 설정했다. 특히 밴드 동아리는 다양한 학과의 신입생을 자연스럽게 등장시켜 소설을 풍성하게 하는 데 요긴하게 쓰였다. 여기에 밸런타인데이와 화이트데이에 남녀가 주고받는 선물을 수수께끼 같은 요소로 집어넣었다.

이 과정에서 『밸런타인데이』라는 제목이 자연스럽게 튀어나왔다. 이쯤 되자 전체적인 소설의 윤곽이 보이기 시작했다.

내게 소설을 쓰는 게 꿈이라고 고백하는 사람이 많았다. 본인 이야기를 소설로 풀어내면 책 수십 권은 나올 거라고 호언장담하는 사람도 있었고, 요즘 소설은 시시하다고 깎아 내리며 쓰기만 하면 화제가 될 소재가 있다고 은밀하게 속삭이는 사람도 있었다. 그런 고백을 들을 때마다 나는 그들에게 늘 같은 질문을 던지곤 했다.

"그런데 왜 안 쓰세요?"

나는 소설을 쓰고 싶다는 꿈만 꾸는 사람과 한 글자라도 쓴 사람은 완전히 다른 사람이라고 생각한다. 꿈을 현실로 이뤄낼 가능성이 있는 쪽은 전자보다 후자이니까. 내가 만약 소설을 쓰고 싶다는 충동을 행동으로 옮기지 않았다면 소설가로 사는 일은 없었을 것이다. 시작이 반이다.

소설은 머리가 아니라 엉덩이로 쓴다

시작이 반이라는 말에는 두 가지 의미가 있다고 생각한다. 무슨 일이든 시작이 어려우므로 일단 시작했다면 반은 한 것이나 다름없다는 의미, 다른 하나는 시작은 아무리 잘 쳐줘도 반일 뿐 전부가 될 수 없다는 의미.

쓰다가 만 소설은 의미가 없다. 누구나 인정하는 거장의 미완성 유작이 아닌 이상, 쓰다가 만 소설에 관심을 가질 독자는 없다. 식자재만 훌륭하면 무슨 소용인가. 조리를 해야 훌륭한 요리가 되지 않겠는가. 죽이 되든 밥이 되든 어떻게든 완성해야 소설로서 최소한의 가치가 생긴다. 구슬이 서 말이라도 꿰어야 보배다.

나는 재료를 모두 준비했으니 마지막 장면을 향해 달려

가듯 쓰기만 하면 소설을 완성할 수 있을 줄 알았다. 그것은 커다란 착각이었다. 소설은 엉덩이로 쓰는 거였다.

박현우 작곡가는 유산슬(a.k.a 유재석)의 히트곡 「합정역 5번 출구」를 단 10분 만에 만들었다고 고백한 바 있다. 나는 그 고백이 허세가 아님을 잘 안다. '싸비'만 잘 나오면 10분이 아니라 5분 만에도 충분히 노래를 만들 수 있다는 걸 나역시 많이 경험해 봤기 때문이다.

하지만 소설은 다르다. 소설은 완성하기 위한 절대량이 있다. 200자 원고지 기준으로 단편은 최소 70매, 장편은 최소 700매 정도를 써야 한다. 우리에게 좀 더 익숙한 A4용지를 기준으로 하면 단편은 글자 크기 10포인트 기준 최소 8매, 장편은 80매다. 반짝 떠오른 아이디어로 짧은 시간에 완성할 수 있는 작업이 아니다.

나는 책으로 묶을 수 있는 장편을 쓰고 싶었지만, 곧 장애물에 부딪혔다. 등장인물이 내 설정에서 벗어나 마음대로 움직였고, 이야기도 생각대로 전개되지 않았다.

누가 내게 소설을 쓰라고 칼을 들고 협박하지도 않았는데, 왜 혼자 이런 고생을 하고 있는지 한심하게 느껴졌다. 몇 달 동안 소설 쓰기를 멈추기도 했었다. 그러다가도 마지막 장면을 생각하면 홀리듯이 모니터 앞에 앉았다. 소설을 어떻게든 완성만 하면 행복할 것 같았다.

2004년 12월, 누가 알아주지도 않는 작업에 2년 동안 매달린 끝에 첫 장편소설 『밸런타인데이』 초고를 완성할 수 있었다. 무려 원고지 1600매 분량으로. 마지막 장면에 도달했을 때 기분은 행복하기보다 시원섭섭했다.

쓸모없는 경험은 없다

나는 완성한 원고를 여러 출판사에 투고했다. 결과는 백전백패였다. 소설에 어떤 문제가 있는지 알고 싶었지만, 내게 피드백을 준 출판사는 단 한 곳도 없었다. 2년 동안 들인 노력이 아무런 빛을 보지 못하자 자신감을 잃었다. 그때 나는 뮤지션이 돼야겠다는 꿈도 포기한 상황이었다. 습작하면 할수록 내겐 아마추어 수준을 벗어날 만한 재능이 없음이 확실해졌다. 그동안 들인 시간이 아까웠지만 포기할 때가 왔음을 깨달을 수 있었다.

서울 물이라도 먹어야 괜찮게 살 수 있을 것 같아서 여자친구와 함께 도서관에 처박혀 다시 대입을 준비했고 꽤 괜찮은 결과를 받았다. 법조인을 꿈꿨던 여자친구는 고시반 지원을 잘해주는 서울의 한 대학 법학과에 지원해 합격했다. 나는 아무런 생각 없이 그냥 여자친구를 따라 같은 대학 같은 과에 지원해 합격했다. 이후 팔자에도 없는 고시생 생활을 몇 년 했다. 몇 년 후 여자친구는 사법시험에 합격한 뒤 나를 떠나버렸고, 나는 홀로 캠퍼스에 남겨졌다.

나는 20대가 끝나갈 무렵에도 졸업하지 못한 채 학교 고시반에 머물러 있던 장수생이었다. 불안한 미래를 걱정하며 시험을 준비하던 나는 우연히 학보에 실린 문예상 공모 기사를 봤다. 별생각 없이 기사를 읽다가 오랫동안 USB 메모리 안에 방치돼 있던 『밸런타인데이』 원고를 떠올렸다. 나는 아무런 기대 없이 원고 파일을 공모에 보냈다.

며칠 후 그 원고가 문예상에 대상으로 당선됐다는 연락을 받았다. 인문대 출신이 아닌 학생이 대상을 받은 게 문예상 역사상 처음이어서 학내에서 꽤 화제를 모았다.

『밸런타인데이』를 심사한 교수는 "지금까지 읽은 연애소설 중 가장 재미있었다"고 극찬하며 내게 "앞으로 계속 소설을 써볼 생각이 없느냐"고 물었다. 그 말을 들은 나는 하늘을 둥둥 떠다니는 기분을 느꼈다. 살면서 누군가로부터 칭찬받아 본 경험이 거의 없었기 때문이다.

교수의 칭찬은 내 인생의 방향을 완전히 틀어버렸다. 그날 이후 나는 고시반에서 뛰쳐나와 새로운 장편소설을 쓰기 위해 북한산의 한 사찰로 들어갔다. 그곳에서 나는 데뷔작인 『도화촌기행』을 썼는데, 그에 관한 이야기는 뒤에 하겠다.

영원히 미출간으로 남을 줄 알았던 『밸런타인데이』는 그로부터 더 긴 시간이 흐른 후 세상에 나오게 된다. 몇 년 전 내게 남은 원고가 없는지 묻는 출판사가 있었다. 나는 출판사에 장난처럼 『밸런타인데이』 원고를 던졌다.

당황스럽게도 출판사가 원고를 덥석 물었다. 『밸런타인데이』는 200자 원고지 1600매 분량이었던 원고를 650매로 줄이는 대대적인 수정 작업을 거쳐 2021년 1월 『다시, 밸런타인데이』라는 이름으로 출간됐다. 초고 집필을 마친 지 무려 17년 만에. 오래전에 만든 곡도 Book OST로 쓰여 함께 세상에 나왔다.

철이 지나도 너무 지난 이야기였기 때문인지 『다시, 밸런타인데이』는 내가 지금까지 출간한 모든 장편소설 중 가장 저조한 판매고를 기록했다. 아쉬웠지만 내가 처음 쓴 장편소실을 책으로 엮을 기회를 얻었다는 것만으로 만족한다.

이 모든 과정을 통해 한 가지를 다시 확실하게 배웠다. 세상에 쓸모없는 경험은 절대 없다는 걸 말이다. 무모하게 『다시, 밸런타인데이』를 쓰기 시작해 완성까지 했던 경험이 없었다면, 나는 자신이 소설을 쓸 수 있는 사람임을 영원히 몰랐을 것이다.

3

준비된 자에게 운이 따른다

: 장편소설 『도화촌기행』

미련 가질 바엔 부딪혀 아픈 게 낫다

지난 2009년 6월 말, 나는 1번 국도를 따라 서울에서 고향인 대전까지 홀로 도보 여행을 했다. 1번 국도는 파주부터 목포까지 한반도 서부의 주요 도시를 종으로 잇는 도로다.

국도는 보행자에 몹시 불친절했다. 도심 구간은 인도가 잘 조성돼 있고, 주변 풍경도 지루하지 않았다. 반면 교외 구간은 보행자가 자동차를 피해 걸을 공간이 좁은 갓길뿐이고, 온종일 황량한 풍경만 눈에 들어왔다.

그보다 나를 더 지치게 한 건 지독한 더위였다. 여름의 아스팔트는 불 위에 달궈진 프라이팬 같았는데, 국도에선 열기를 피할 그늘을 찾기가 어려웠다. 돌이켜보니 여행이라기보다는 뻘짓에 가까운 여정이었다.

내가 사서 고생한 이유는 소설 때문이었다. 나는 장편소설 『밸런타인데이』로 학내 문예상을 받은 뒤 반년 동안 새로운 장편소설 집필을 준비했다. 『밸런타인데이』를 심사한 교수가 내게 했던 "앞으로 계속 소설을 써볼 생각이 없느냐"는 말이 불러일으킨 나비효과였다.

그때 내 자존감은 바닥을 치고 있었다. 어머니가 갑자기 세상을 떠난 뒤 가족이 뿔뿔이 흩어졌고, 20대 전부를 함께했던 첫사랑은 사법시험에 합격한 뒤 내게 냉정하게 이별을 통보했다. 엎친 데 덮친 격으로 나는 준비했던 시험에서도 줄줄이 낙방했다. 되는 게 하나도 없었고, 아무것도 이룰 가능성이 보이지 않았다.

그런 내게 교수의 칭찬은 어둠 속의 빛처럼 느껴졌다. 교수의 말대로 내게 과연 소설가로서 자질이 있는지 확인하고 싶었다.

새로운 장편소설을 쓸 준비는 끝났는데, 본격적으로 쓰려니 망설여졌다. 그때 세는 나이로 서른을 앞두고 있던 나는 대학에서 졸업하지 못한 채 헤매고 있었다. 남들보다 꽤 늦은 나이에 졸업할 처지인데, 고시 공부를 한다는 핑계로 학점과 스펙을 제대로 관리하지 않아 취업 경쟁력도 부족했다.

취업 전선에 뛰어들어 살아남을 궁리를 할 시간도 모자란 마당에 소설을 쓰겠다니. 게다가 내가 열심히 소설을 쓴다고 해도 등단하리라는 보장이 없었다. 운이 좋아 등단해도 소설로 밥벌이를 할 수 있을지 의문이었다. 아무것도 장담할 수 없는 미래에 시간을 쏟아붓는 게 옳은 걸까. 무작정 고향까지 걷다 보면 답이 나오지 않을까 싶었다.

나는 3박 4일 동안 이런저런 고민을 하며 걸은 끝에 고향 집에 도착했다. 살면서 그렇게 긴 거리를 처음 걸어봤다. 아무리 걸어도 줄어들지 않을 것만 같았던 길에도 끝이 있었다.

집에 도착한 나는 새로운 소설을 쓰겠다고 결심했다. 이번 기회에 내가 소설가로 살 수 있는 사람인지 확인하지 못하면, 밥벌이에 짓눌려 앞으로 평생 확인할 기회가 없을지도 모른다는 불안감이 들었다.

평생 미련을 가질 바에는 아프더라도 제대로 부딪혀 보

는 게 낫겠다는 계산이 섰다. 대신 어떤 결과가 나오더라도 미련이 남지 않도록 '올인' 해야겠다고 다짐했다. 며칠 후 나는 짐을 싸 들고 북한산의 한 사찰로 들어갔다. 몇 년 후 내 데뷔작이 될 장편소설『도화촌기행』의 시작이었다.

최선을 다해야 미련이 남지 않는다

왜 온갖 불행이 기다렸다는 듯 한꺼번에 나를 덮치는 걸까. 종교가 없는 나는 그 이유를 논리적으로 파악하고 싶었다.

나는 새로운 소설을 준비하면서 다닌 마지막 학기 수업 대부분을 인문대에서 들었다. 그때 내가 들은 과목은 모두 종교, 철학, 문학 관련 교양 수업이었다. 그중 하나가 불교를 다룬 수업이었는데, 그 수업에서『도화촌기행』의 집필에 결정적인 영향을 준『아함경阿含經』을 만났다.

『아함경』은 가장 오래된 불교 경전이다. 내가 수업에서 만난『아함경』은 일본의 불교학자 마스타니 후미오增谷文雄가 동명의 불교 경전의 교리를 알기 쉽게 풀이해 독자의 이해를 보탠 해설서다.

이 책에 등장하는 붓다는 대단히 논리적이면서도 명쾌한 인물이다. 초기 불교의 모습을 생생하게 담고 있는 이 책에서 붓다는 극락을 이야기하지 않고 내세를 확신하지도 않는다. 그저 현실적으로 증험할 수 있는 보편적인 논리만을 설파할 뿐이었다. 종교라기보다는 과학이나 삶의 방식에 가까워 보였다. 신선했다.

『아함경』의 핵심은 인과의 법칙을 다루는 연기론緣起論에 관한 설명이었다. 존재하는 모든 것은 반드시 소멸하므로 일체는 무상하다. 무상한 것을 향한 집착이 분노, 무지, 어리석음을 불러오고 삶을 고통스럽게 한다.

그렇다고 붓다의 가르침을 모든 것은 결국 사라지므로 아등바등 살 필요가 없다는 허무주의로 오해하면 안 된다. 오히려 삶을 더 치열하게 살아야 한다는 채찍질에 가까운 가르침이다. 모든 존재와 현상에는 원인이 있고, 서로 복잡하게 얽혀 있으니, 삶의 고통에서 벗어나려면 집착에서 벗어나고자 마음을 다스리려는 노력을 게을리하지 말아야 한다는 게 연기론의 가르침이었다.

연기론은 "아궁이에 불을 때면 굴뚝에 연기가 피어오른다"는 말처럼 당연하게 들렸다. 그 당연해 보이는 논리가 내게 큰 위로가 됐다. 과거를 그만 붙들고, 현재에 최선을 다하면, 미래에 조금 더 나은 삶을 살 수 있다는 확신을 줬기 때문이다.

『아함경』은 새로운 소설 집필은 물론 내 인생의 방향을 결정하는 데에도 큰 역할을 했다. 『아함경』은 내가 지금 하고 싶은 일에 최선을 다하자고 마음을 다잡게 했고, 그때 내가 가장 하고 싶었던 일은 소설 쓰기였다. 사찰을 집필 공간으로 선택한 이유도 『아함경』 때문이었다. 속세와 적당히 떨어진 곳에서 소설을 쓰면, 내가 『아함경』을 통해 깨달은

바를 더 생생하게 담아낼 수 있을 것 같았다.

나는 일인칭 주인공 시점인 소설을 써보기로 했다. 전지적 작가 시점으로『밸런타인데이』를 쓸 때, 다양한 등장인물의 심리를 묘사하는 일이 작위적으로 느껴졌기 때문이다. 특히 주인공인 여성이 하는 말과 생각이 마치 여성인 척하는 남성 같아 징그러웠다.

이번에는 심리 묘사를 제대로 하고 싶어서 오랫동안 고시 공부만 하다가 아무것도 이루지 못한 채 마흔을 맞은 미래의 '나'를 주인공으로 설정했다. 도연명陶淵明의 산문「도화원기桃花源記」를 모티브로 삼아 가상의 공간을 마련했고, 그 안에 우연히 들어온 주인공이 갈등하고 헤매는 모습을 그려나갔다. 그 과정은 때로는 끔찍했고, 때로는 슬펐으며, 때로는 짜릿했다.

『도화촌기행』의 핵심 주제는 내가『아함경』으로 배운 '체념諦念'이다.『도화촌기행』은 '체념'의 의미를 소설로 풀어낸 게 전부라고 말해도 과언이 아니다.

우리는 평소에 '희망을 버리고 단념한다'는 의미로 이 단어를 쓴다. 그런데 국어사전에서 이 단어를 찾아보면 우리가 잘 아는 의미 외에도 '도리를 깨닫는 마음'이라는 낯선 의미 하나가 더 나온다. '체념'은 '살필 체諦'와 '생각 념念'이라는 한자를 합친 단어다.『아함경』에서 이 단어는 자신을 깊이 들여다본다는 의미로 쓰인다.

우리는 보통 한 일보다 하지 않은 일을 더 후회한다. 그

때 포기하지 말걸, 조금 더 노력해 볼 걸 하면서 말이다. 그런데 정말 최선을 다했는데도 안 되면, 의외로 깔끔하게 포기할 수 있다. 이건 내 노력으로 안 되는 거라고 마음 깊이 인정하기 때문이다. 끝까지 최선을 다해 밀어붙였는데도 안 되면 미련 없이 포기하고 다른 곳으로 확실하게 방향을 돌릴 수 있다. 지금 하는 일이 안 된다고 다른 일까지 안 되는 건 아니니까. 어설프게 노력하면 끝까지 미련으로 남는다. 내가 『아함경』을 통해 이해한 '체념'은 그랬다.

내가 절에서 몇 달 동안 공들여 쓴 『도화촌기행』은 그해 응모한 모든 장편소설 공모에서 탈락했고, 어떤 출판사에서도 원고를 받아주지 않았다. 그런데도 아쉽지 않았다. 오히려 속이 후련했다.

내가 처음 소설을 쓸 때 떠올렸던 마지막 장면의 문장은 "종은 치는 사람의 힘만큼 울린다"였다. 나는 소설을 쓸 때 이보다 더 최선을 다할 수 없다고 자신할 수 있을 정도로 나를 몰아붙였다. 있는 힘을 다해 종을 쳤는데도 울림이 원하는 곳까지 닿지 않았다. 그때 나는 소설가로 살겠다는 꿈을 접으며 진심으로 '체념'할 수 있었다.

운을 맞이할 확률을 높여라

비록 소설가라는 꿈을 포기했지만, 글을 써서 먹고살고 싶다는 마음까진 포기가 안 됐다. 글을 쓰면서 먹고살 방법을 찾다 보니 기자를 하면 되겠다 싶었다. 하지만 학점과 스펙이 엉망이어서 서류 전형부터 고배를 마시기 일쑤였다. 어쩌다가 서류 전형을 통과해도 언론고시 공부 경험이 없었던 터라 필기시험의 벽을 넘지 못했다.

여기저기 다 떨어지고 밀려서 취직한 첫 직장이 고향에 있는 지방지였다. 그렇게 떠나고 싶었던 고향에 다시 돌아오니 착잡했다. 그래도 이왕 취직했으니 잘해보자는 생각으로 그곳에서 2년 넘게 편집기자로 일했다.

『도화촌기행』이 데뷔작이 된 계기는 갑작스러운 사고에 가까웠다. 2011년 4월 어느 날, 나는 회사에 출근해 업무를 준비하며 조선일보 지면을 확인하다가 '제3회 조선일보 판타지 문학상' 접수 마지막 날이라는 공고를 봤다. 그때 마침 내가 가지고 있던 USB 메모리에는 원고 파일이, 회사 근처에는 우체국이 있었다.

회사 프린터로 원고를 출력하면서도 당선될 거라는 기대는 전혀 하지 않았다. 나는 『도화촌기행』을 하이퍼 리얼리즘 소설이라고 여겼고, 단 한 번도 판타지라고 생각해 본 일이 없었기 때문이다.

그날 나는 회사 선배와 점심을 먹으러 가던 도중에 우체국에 들러 원고를 조선일보에 보내며 "이 소설이 당선되면 판타지"라고 농담을 했다. 이미 수십여 출판사에서 외면당하고 여러 공모에서 탈락한 원고가 국내 최대 상금인 1억원을 준다는 장편소설 공모에 당선되는 게 판타지가 아니면 무엇이란 말인가.

그런데 그 일이 실제로 일어났다.

노력과 운 중에서 무엇이 우리의 삶에 더 큰 영향을 미칠까. 나는 후자라고 생각한다. 한참 후에 나는 여러 심사위원 중에서 심사위원장 단 한 사람만 『도화촌기행』을 강력하게 지지했다는 뒷이야기를 들었다. 괜한 오해를 할까 봐 미리 말하는데, 나와 심사위원장은 일면식도 없는 관계다. 다른 사람도 아닌 심사위원장이 밀어붙이니 심사 현장의 분위기도 달라졌던 모양이다.

운이 좋았다고밖에 할 말이 없다. 심사위원단은 내 소설을 당선작으로 결정하며 새로운 형태의 한국적 판타지라고 평가했다. 판타지가 뭔지 잘 모르는 내가 느닷없이 판타지 작가로 데뷔하는 판타지가 현실이 됐다.

우리는 운이 얼마나 인생을 크게 좌우하는지 인정해야 한다. 우리는 태어날 때 어느 나라, 어느 지역, 어느 부모님에게서 태어날지 결정할 수 없다. 그야말로 운빨이다. 아무리 똑똑해도 신분제 사회인 조선 시대에 노비로 태어났다면, 재능을 펼칠 기회를 얻어보지 못한 채 생을 마감했을 테다. 먼 옛날까지 거슬러 올라갈 필요도 없다. 현대 아프리카의 빈국에서 태어났다면, 당장 끼니를 걱정하느라 꿈과 희망도 없는 삶을 살아야 할 처지에 놓였을 테다.

그뿐인가. 시대가 요구하는 재능과 자신의 재능이 일치하려면 운이 따라야 한다. 요즘 잘나가는 먹방 유튜버들을 보자. 유튜브 생태계가 만들어지지 않았다면 잘 먹는 재능이 과연 재능으로 인정받을 수 있었을까. 쓸데없이 밥이나 축낸다고 욕이나 듣지 않으면 다행이었을 테다.

하지만 노력하지 않고 운만으로 성공을 유지하는 사람 또한 없다. 어쩌다 운이 좋아 잠시 성공을 맛볼 수는 있다. 하지만 노력이 뒤따르지 않으면 그 성공을 유지할 수 없다. 운이 계속 좋으리라는 보장이 없으니 말이다.

우리가 불확실한 미래를 준비할 수 있는 현실적인 방법은 최선을 다해 준비해서 운을 맞이할 확률을 올리는 것뿐이다. 로또도 일단 사야 당첨을 기대할 수 있지 않겠는가. 과거에 치열하게 쓴 소설 원고가 USB 메모리에 담겨 있지 않았다면, 나는 소설가로 데뷔하는 운을 잡을 수 없었을 것이다.

데뷔작을 출간한 나는 어깨에 뽕이 차올라 꽃길만 걷게 될 줄 알았다. 국내 최대 상금을 준다는 문학상을 받았으니, 여기저기서 새로운 작품을 써달라는 제안이 쏟아질 걸로 기대했다.

그 기대는 완전한 오산이었다. 나름 화려해 보였던 데뷔가 이후 작가로 활동하는 데 두고두고 걸림돌이 될 줄은 그땐 꿈에도 몰랐다.

4

분노와 열등감은
좋은 창작의 동기

: 장편소설 『침묵주의보』

분노에서 출발한 소설

지난 2017년 1월, 나는 6년간 몸담았던 두 번째 직장인 모 경제지에 사표를 던졌다. 나로서는 도저히 받아들이기 어려웠던 인사가 퇴사의 이유였다.

가정을 가진 30대 후반 남자가 아무런 대책도 없이 멀쩡히 다니던 직장을 그만두는 건 누가 봐도 무모한 일이다. 하지만 아무리 더럽고 아니꼬워도 버티는 게 샐러리맨의 숙명이라고 해도, 직장에 더 머물렀다가는 화병에 걸려 제 명에 못 살 것 같았다.

인제 와서 네가 뭘 할 수 있겠느냐는 인사권자의 눈빛. 그때 나는 조직의 논리와 집단적 사고 앞에서 개인이 얼마나 무력한지 절감하며 분노했다.

조직은 기억력이 없다. 내가 그동안 얼마나 잘해왔느냐는 조직의 고려 대상이 아니다. 백 가지 잘한 일보다 한 가지 잘못한 일을 기억하는 게 조직이다. 지금 당장 개새끼면 앞으로도 계속 개새끼가 되는 게 조직이다.

조직은 나 하나 사라져도 꿈쩍하지 않는다. 조직을 움직이는 핵심 인력이 아닌 이상 얼마든지 외부 인력으로 대체할 수 있고, 대체할 수 없다면 기존 인력을 갈아 넣으면 된다. 사표를 던져봤자 계란으로 바위 치기에 불과하다.

내가 조직에 맞서 작은 상처를 낼 수 있는 무기는 단 하나, 소설뿐이었다.

나는 광장에서 짖는 강아지 한 마리를 떠올렸다. 그 강아지를 보고 두려워할 사람은 거의 없을 것이다. 하지만 강아지 수백, 수천 마리가 한꺼번에 광장에서 짖는 모습을 상상해 보자. 아무리 강아지여도 굉장히 무섭지 않을까? 나 하나 사표를 내며 조직에 침을 뱉는다고 해서 달라지는 건 없다. 하지만 나 같은 놈이 수백, 수천 명 모여 한꺼번에 침을 뱉으면 조직도 움찔하지 않을까 하는 생각이 들었다. 나는 그런 상상을 모티브로 삼아 『짖는 개가 건강하다』라는 가제를 짓고 소설을 구상해 나갔다.

당시 나는 개점휴업 상태인 소설가였다. 나는 지난 2011년에 장편소설 『도화촌기행』을 출간한 이후 단 한 작품도 새로 쓰지 못했다. 어떤 출판사도 내게 새로운 작품을 써달라고 청탁하지 않았다. 심지어 내 소설을 출간한 출판사조차도.

국내 최고 상금을 준다는 장편소설 공모에서 수상했으니 청탁이 끊이지 않을 줄 알았는데 당황스러웠다. 한참 후에야 내게 아무런 일도 일어나지 않았던 이유를 알게 됐는데, 그에 관해선 나중에 따로 썰을 풀겠다. 그런 와중에 나는 첫 직장이었던 지방지에서 퇴사하고 두 번째 직장으로 이직하며 2년 만에 다시 서울로 올라왔다. 상금은 서울에서 원룸을 얻을 때 고스란히 전세금으로 쓰였다. 상금이 없었다면 나는 다시 서울로 올라올 엄두를 내지 못했을 테다.

이직 후에는 일이 바빠 소설을 잊고 살았다. 그렇게 나는 데뷔작만 남기고 사라진 수많은 작가 중 한 명이 돼 버리고 말았다.

퇴사 후 나는 기자로 일하면서 경험한 언론계의 부조리를 소설로 풀어내야겠다고 다짐하며 이를 갈았다. 나를 여기까지 내몬 조직을 향해 소설로 복수하고 싶었다. 퇴사 후 나는 집에 틀어박혀 소설을 쓰기 시작했다. 소재는 차고 넘쳤다. 당시 나는 다양한 부서의 취재 현장과 조직을 나름 경험할 만큼 경험한 8년 차 기자였다. 쓰고 싶은 이야기가 머릿속에 넘쳐났다.

분노는 잘만 이용하면 그 어떤 창작 동기보다 강력한 동기가 된다. 이후에 쓴 『젠가』와 『정치인』 역시 분노라는 감정에서 출발했던 장편소설이다. 와신상담臥薪嘗膽이란 고사가 괜히 나왔겠는가.

작업에 집중할 수 있되 놀기에는 불편한 공간이 좋다

문제는 집이라는 공간이 소설을 쓰기에 너무 편하고 나태해지기 좋았다는 점이다. 집에선 틈만 나면 드러눕고 싶어서 좀처럼 작업을 진행하기가 어려웠다. 선택과 집중을 하려면 작업 공간을 따로 마련해야겠다는 생각이 들었다.

나는 오래전에 사찰에서 『도화촌기행』을 썼던 시절을 떠올렸다. 그때 내가 사찰을 집필 공간으로 선택한 이유는 소설의 모티브를 『아함경』이란 불경에서 얻었기 때문이었지만, 돌이켜보니 자신을 적당한 공간에 가두는 건 창작에 큰 도움이 됐다.

이번에는 그보다 훨씬 먼 곳에 있는 사찰로 가서 반드시 소설을 완성하고 와야겠다고 다짐했다. 퇴사를 뻘짓으로 만들지 않으려면 말이다. 2017년 2월, 나는 아내에게 양해를 구한 뒤 짐을 싸서 한 사찰로 향했다.

내가 짐은 푼 사찰은 섬진강이 내려다보이는 곳으로 해가 지면 인공 불빛이 전혀 보이지 않고, 가장 가까운 구멍가게가 걸어서 40분 거리에 떨어져 있을 정도로 외딴곳이었다.

두꺼운 점퍼 하나와 가벼운 실내복 몇 벌, 그리고 노트북 컴퓨터. 내 짐은 조촐했다. 짐을 정리한 나는 누런 종이 장판이 깔린 바닥에 몸을 뉘고 눈을 감았다. 고요했다. 복잡했던 마음이 조금씩 가라앉았다.

다시 사찰에 들어온 내 처지는, 『도화촌기행』을 쓰기 위해 사찰로 향했던 20대 말의 내 처지와 크게 다르지 않았다. 모든 걸 새로 시작해야 했다. 나는 이미 오래전에 잊힌 작가이니 말이다. 그제야 나는 자신이 야인으로 돌아왔음을 실감했다.

소설을 쓰는 동안 나는 집필 공간의 중요성을 새삼 크게 느꼈다. 내가 그동안 머물렀던 생활 공간에서 멀리 떨어져 나오자, 세상을 바라보는 눈이 달라졌다.

세상은 낮에 중심에 서서 주변을 둘러봤을 때보다, 밤에 언저리에서 중심을 바라봤을 때 더 선명한 모습을 드러냈다. 저 멀리 세상에선 적당히 착하고, 적당히 정의로우며, 적당히 나쁘고, 적당히 비겁한 사람들이 서로 부대끼며 조금씩 앞으로 나아가고 있었다.

처음에는 그저 내가 몸담았던 조직을 향한 분노에서 출발했던 작은 소설이 점점 대한민국 조직 전반의 문제점을 다루는 큰 소설로 변해갔다. 분노 때문에 좁아졌던 시야가 먼 곳에 오니 넓어진 것이다. 숲 밖으로 나와야 숲을 볼 수 있다는 말을 실감했다.

이후 나는 새로운 작품을 쓸 때마다 집에서 먼 집필 공간을 따로 얻는 데 공을 들이고 있다. 지금은 전국 곳곳에서 운영 중인 창작 레지던시를 활용 중이다. 장편소설 『나보다 어렸던 엄마에게』는 원주 토지문화관, 장편소설 『젠가』는 정읍 권번문화예술원, 장편소설 『정치인』은 횡성 예버덩문학의집에서 초고를 썼다.

다양한 공간을 경험해 보니, 내겐 작업에 집중할 수 있고 놀기에는 불편한 공간이 좋다는 걸 알았다. 일례로 한 호텔의 지원을 받아 객실을 5주 동안 집필 공간으로 사용하는 호사를 누린 일이 있는데, 주변에 지나치게 놀 곳이 많아 작업에 집중하지 못해 낭패를 봤다. 호텔은 아무 죄가 없다. 내 의지가 박약한 탓이다.

앞서 내가 언급한 레지던시는 기성 작가를 위한 공간이어서 작가 지망생이나 신인은 지원할 수 없다는 한계가 있다. 사찰은 따로 작업실을 얻을 경제적 여력이 없고, 장기간 시간을 낼 수 있는 사람에게 좋은 공간이라고 생각한다.

생소하겠지만, 전국의 꽤 많은 사찰이 숙박 시설을 운

영 중이다. 사찰이 따로 프로그램을 운영하는 템플 스테이와 다르다. 그냥 숙박 시설이다. 다른 숙박업소보다 상대적으로 저렴하고, 식사까지 해결할 수 있는 곳이 많다. 불교를 믿지 않아도 상관없다. 나도 무종교인이다. '사찰넷(https://www.sachal.net)'이라는 홈페이지에 들어가면 전국 곳곳에서 숙박 시설을 운영 중인 사찰에 관한 정보를 찾을 수 있다.

다만 카페 같은 장소에서도 얼마든지 집중할 수 있는 사람이라면, 굳이 사찰 같은 공간을 찾을 필요가 없다. 나는 그런 공공 장소에선 도저히 글을 쓸 수 없어서 사찰을 찾았을 뿐이다. 카페는 내가 소설 쓰려고 집중하기엔 지나치게 시끄러웠다. 커피를 딱히 좋아하지도 않고. 집에서 집중할 수 있는 사람이라면 굳이 시간과 돈을 들여 집필 공간을 찾을 필요가 없다. 그런 사람은 복 받은 사람이니 열심히 집에서 쓰자.

열등감을 올바르게 활용하는 방법

분노만큼 나를 강하게 자극한 건 열등감이었다. 열등감은 양날의 검이다. 열등감은 질투나 시기심으로 바뀌면 자신뿐만 아니라 다른 사람도 불편하게 하지만, 적절하게 활용하면 동기부여에 도움을 준다. 열등감은 자신이 꿈꾸는 무언가를 닮도록 애쓰게 만든다.

기대만큼 성과를 내지 못하면 좌절로 이어지겠지만, 성과를 내기 위한 노력은 어쨌든 자신을 조금이나마 더 앞으로 나아가게 한다. 열등감에서 벗어나려고 발버둥 치기보다 긍정적인 방향으로 그 감정을 활용하는 게 낫다고 본다.

내 열등감을 자극한 존재는 장강명 작가였다. 기자 대부분이 언젠가 소설을 쓰고 싶다는 꿈을 꾸며 산다. 기사는 기자 이름을 바이라인으로 달고 보도되지만, 데스크를 비롯해 여러 사람의 손을 거치기 때문에 온전히 기자가 썼다고 말하긴 어려운 글이다. 그 때문에 기자는 온전히 자신이 쓴 글을 세상에 내보이고 싶은 강한 욕구를 가지고 있다. 기자 출신으로 여러 문학상을 한꺼번에 거머쥐며 문단에 파란을 일으킨 장 작가는 작가를 꿈꾸는 모든 기자의 '로망' 같은 존재였다.

사실 나는 장 작가가 한겨레문학상을 받으며 문단에 이름을 알린 2011년에 함께 데뷔했다. 개점휴업 상태인 나는 기자를 그만두고 종횡무진 활약하는 장 작가를 보면서 꽤 열등감에 시달렸다. 나도 장 작가처럼 권위 있는 장편소설 공모에서 수상해 다시 세상에 이름을 알리고 싶었다.

소설을 쓰다가 나태해진다 싶으면, 나는 마치 와신상담 하듯이 그런 마음을 되새기며 자세를 바로잡고 노트북을 두드렸다. 한 달 동안 미친 듯이 나를 몰아붙인 끝에 소설 초고를 완성할 수 있었다.

초고 집필을 마쳤다는 기쁨은 잠시, 나는 퇴사가 얼마나 성급한 결정이었는지 뼈저리게 깨달았다. 얼마 되지 않는 퇴직금이 순식간에 줄어들어 바닥을 드러냈다. 고정적으로 돈이 들어갈 곳은 많은데, 하필 그때 아내도 일이 없었다. 고민하던 내게 다른 매체에서 일하는 몇몇 선배 기자가 손을 내밀었다. 함께 일해보자고.

내 기자 연차는 경력직으로 옮기기에 적당한 편이었다. 다시는 기자로 일하지 않겠다며 사표를 던졌는데, 목구멍이 포도청이고 배운 게 도둑질이니 선택의 여지가 없었다. 나는 두 번째 직장에서 퇴사한 지 불과 두 달 반 만에 기자로 복직했다.

나는 기자로 일하며 틈나는 대로 초고를 다듬어 장편소설 공모에 응모했다. 하지만 나는 장 작가가 아니었다. 본심에 오른 공모는 문학동네소설상 하나뿐이었고, 나머지 공모에선 모두 물을 먹었다. 뒤늦게 출판사를 알아봤지만, 원고를 받아주는 곳이 없었다. 마지막으로 나는 데뷔작을 출간했던 출판사에 원고를 보냈다. 기대는 전혀 하지 않았다. 새로 쓴 작품은 데뷔작과 결이 완전히 다른 사회파 소설이었으니 말이다.

출판사는 오랜만에 뜬금없는 소설을 써서 돌아온 탕아를 다행히 받아줬다. 2018년 3월, 초고를 쓴 지 1년 만에 소설이 세상에 나왔다. 『짖는 개가 건강하다』라는 제목을 『침묵주의보』로 바꿔 달고.

가장 개인적인 것이 가장 창의적인 것이다
지난 2020년 2월, 봉준호 감독은 제92회 아카데미 시상

식에서 작품상을 받으며 "가장 개인적인 것이 가장 창의적인 것"이라는 말을 남겨 화제를 모았다. 봉 감독이 이 말을 인용한 출처는 세계적인 거장 마틴 스코세이지 감독의 작품 세계를 다룬 책『스코세이지 온 스코세이지Scorsese on Scorsese』인데, 나는 이 말에 전적으로 동의한다. 이 말에 동의하지 않았다면 내가 더 소설을 쓰는 일은 없었을 테니 말이다.

『침묵주의보』는 출간 후 주목받지 못하고 바로 시장에서 묻혔다. 당연한 결과였다. 사실상 내부고발이나 다름없는 내용을 담은 소설을 현직 기자가 나서서 홍보하긴 어려웠다. 출판사 또한 보도자료를 배포하고 홍보용 책을 돌리는 것 외엔 별다른 홍보를 하지 않았다.

국내 출판 시장에서 초쇄를 소화하는 신간 소설은 열 권 중 한 권도 안 된다. 무명이나 다름없는 작가의 신작, 그것도 현재 출판 시장 트렌드와 거리가 먼 심각한 내용을 가진 사회파 소설은 출판사 눈에 장사하기 어려운 물건이었다. 냉랭한 시장 반응을 접한 나는 이제 소설을 그만 써야겠다고 자조하며 일상으로 돌아갔다.

놀랍게도『침묵주의보』는 엉뚱한 곳에서 부활했다. 지난 2019년 3월, 나는 누군가로부터 메일 한 통을 받았다. 송신자는 국내의 한 드라마 제작사 관계자였고,『침묵주의보』를 드라마로 제작하고 싶다는 내용이 담겨 있었다. 처음에는 사기가 아닌지 의심했는데, 개인적인 인맥을 통해 송신자를 알아보니 신원이 확실했다.

몇 달 후 제작사와 출판사가 드라마 판권 계약을 체결했고, 황정민 배우가 캐스팅됐다는 소식도 들려왔다. 출간하자마자 묻혔던 소설이 느닷없이 화제작으로 떠올랐다. 그해 말에는 소설이 제2회 백호임제문학상 수상작으로 결정됐다는 연락까지 받았다. 상금은 2000만 원. 상금으로 냉장고를 최고급 제품으로 바꿨다.

나는 제작사 관계자를 만나는 자리에서 왜 무명작가의 망한 소설을 원작으로 드라마를 제작하려느냐고 물었다. 제작사 관계자의 대답은 간단했다. 언론을 다룬 드라마를 제작하고 싶어 원작으로 삼을 만한 소설을 샅샅이 찾아봤는데, 『침묵주의보』보다 괜찮은 작품이 없었다는 거다. 또한 기존 한국 소설과 달리 서사가 뚜렷해서 영상화하기에 장점이 많다는 평가도 받았다.

나는 두 발을 땅에 붙인 현실적인 서사를 사랑하지만, 이는 한국 소설의 주류와는 거리가 멀다. 하지만 그런 서사가 기존 한국 소설이 보여준 서사보다 다양한 콘텐츠를 요구하는 시대에 더 부합했던 거다. 나는 일련의 과정을 통해 내가 틀리지 않았다는 자신감과 더불어 새로운 소설을 쓸 용기를 얻었다.

현재 한국 소설을 가장 열심히 찾아 읽는 독자 중 하나는 영상 콘텐츠 제작사다. 이들은 매주 나오는 신간을 다 찾아 챙겨 읽을 정도로 영상화가 가능한 새로운 콘텐츠를 찾는 데 혈안이다.

『침묵주의보』는 내겐 개인적인 이야기를 담은 소설이었지만, 동시에 사회적인 이야기를 담은 소설이기도 했다. 여러 사람이 모인 술자리에서 가장 흥미롭게 들리는 이야기가 무엇인가. 내가 잘 모르는 영역에 관한 이야기 아니던가.

나는 다양한 직종에 종사하는 많은 사람이 소설을 썼으면 좋겠다. 가장 개인적인 것이 가장 창의적이라는 거장의 말을 마음에 새기면서 말이다.

5

자기 치유를 위한 소설 쓰기

: 장편소설 『나보다 어렸던 엄마에게』

어머니의 일기

지금 가면 다시는 못 볼 거다. 지난 2007년 3월 초 봄눈
이 내리던 밤, 어머니가 멀어지는 내 뒷모습을 보며 남긴 마
지막 말은 잔인한 현실이 됐다. 아파트 뒤편 화단 앞 포장
도로 위에 널브러진 어머니의 실루엣. 아파트 5층 창밖으로
아래를 내려다보며 울부짖는 아버지. 차가운 바람에 실린
비릿한 피 냄새. 다급하게 울리며 가까워지는 구급차 사이
렌 소리. 그날 어머니는 스스로 돌아오지 못할 강을 건넜다.
나는 희미한 가로등 불빛에 의지해 바닥에 흩어지는 어머니
를 두 손으로 쓸어 모으며 절규했다.

슬픔을 느낄 새도, 위로를 받을 새도 없었다. 오래전에
집을 나간 동생과는 연락이 닿지 않았다. 아버지는 빈소에
멍하니 앉아 어머니의 영정 사진만 바라볼 뿐이었다. 뒷일
은 모두 내 몫이었다. 나는 남은 사람들의 일상을 제자리로
돌리기 위해 빠르게 어머니의 흔적을 지워야 했다.

정신없이 친척과 지인에게 부고를 알렸다. 상복을 입은
채 동네 관할 지구대에 출석해 어머니의 사망 당시 상황을
진술했다. 조문객들에게 어머니의 사인을 심장마비로 알리
자고 빈소에 모인 친척들과 입을 맞췄다. 그때나 지금이나
자살은 남들에게 내놓고 말하기가 어려운 사인이었으니까.
나는 장례식 내내 조문객의 수만큼 거짓말을 했다.

나는 어머니가 왜 그런 선택을 했는지 확실한 이유를 모
른다. 그저 우울증 때문이 아니었을까 짐작할 뿐이다. 당시

어머니와 아버지는 서로 대화를 나누지 않은 지 오래였다. 아버지는 불같은 성격의 가부장이었는데, 중년으로 접어든 어머니는 아버지를 더는 두려워하지 않았다. 아버지는 침묵으로 자존심을 지키려 했고, 집안 분위기는 점점 냉랭해졌다. 이런 가운데 동생은 계속 사고를 치고 돈을 요구하는 등 어머니를 괴롭히고 가출을 반복했다. '금쪽이'보다 심각했던 동생의 과거를 돌이켜보면 충동조절장애가 아니었나 의심되지만, 그 또한 이제 이 세상 사람이 아니어서 진단을 내릴 수가 없다.

나는 서울에서 대학에 다니고 있다는 핑계로 이 모든 상황을 나 몰라라 했다. 홀로 남은 어머니는 어디에도 기댈 곳이 없었다.

장례식 마지막 날, 나는 집에 들러 어머니의 물건을 수습했다. 촌스러운 옷가지 몇 벌, 칠이 벗겨진 에나멜 구두 몇 켤레, 바닥을 드러낸 화장품 유리병…… 집 안에는 어머니의 것이라고 부를 만한 물건이 거의 없었다. 시장에 들를 때마다 마음에 드는 옷과 구두를 눈으로만 바라보다가 돌아섰을 어머니를 생각하니 가슴이 미어졌다.

눈물을 훔치며 집안을 뒤지던 나는 안방 서랍장에서 공책 몇 권을 발견했다. 공책에는 어머니가 오래전에 쓴 일기가 담겨 있었다. 나는 어머니의 마지막 모습이 떠올라 괴로워서 일기를 몇 장 읽지 못하고 덮었다.

선산에서 어머니의 물건을 태울 때 일기는 따로 빼놓았

다. 일기마저 태워버리면, 내가 훗날에 어머니가 어떤 사람이었는지 기억할 방법이 사라질까 봐 두려웠다. 일기장을 버릴 용기도, 읽을 용기도 없었던 나는 이후 오랫동안 일기장을 책장에 꽂아둔 채 외면했다. 괴로움이 잦아들어 일기장을 열어도 아무렇지 않을 날이 오기를 기다리면서.

1년이 지나도, 2년이 지나도, 괴로움은 쉽게 사그라지지 않았다. 어머니가 마지막으로 나를 불렀을 때, 내가 돌아서서 어머니를 붙잡았다면 그런 비극은 없었을 것이란 자책감에서 벗어나기가 어려웠다. 일기장을 펼치는 날이 오기까지 무려 11년을 더 기다려야 했다.

처음부터 어머니로 태어난 여자는 없다

2018년 5월 어느 날, 나는 책장에서 어머니의 일기장을 꺼냈다. 별다른 이유는 없었다. 왜 그랬는지 모르는데, 문득 읽어도 괜찮겠다는 생각이 들었다. 일기장은 첫 장부터 충격적이었다. 일기장 속에는 내가 아는 '어머니'가 아니라 낯선 '여자'가 있었다.

나는 뒤늦게 일기장을 읽으며 중요한 사실 한 가지를 아프게 깨달았다. 없었다……. 나는 어머니에 관해 아는 게 거의 없었다. 어머니가 어떤 음식을 좋아했는지, 어떤 노래를 즐겨 불렀는지, 취미는 무엇이었는지, 무얼 하고 싶었는지…….

내게 꿈 많던 어린 시절이 있었듯이 어머니에게도 당연히 그런 시절이 있었을 테다. 하지만 나는 단 한 번도 어머니가 아니었던 시절의 어머니를 상상해 본 일이 없었다. 어머니는 내게 처음부터 어머니였으니까.

하지만 처음부터 어머니로 태어난 여자는 이 세상에 단 한 사람도 없다. 그 당연한 사실을 나는 일기장을 읽기 전까지 전혀 몰랐다. 나는 일기장을 덮은 후 어머니에 관해 많은 게 궁금해졌다. 더 늦기 전에 어머니를 소설로 되살리고 싶었다. 그날 이후 나는 틈나는 대로 어머니의 흔적을 쫓기 시작했다.

나는 먼저 어머니가 태어난 경북 안동시 풍천면 병산리를 찾았다. 내 기억 속 외가는 마당으로 나오면 낙동강과 넓은 백사장이 내려다보이는 곳이었다. 마당 구석에 설치된 수돗가에선 무쇠로 만든 수동 펌프가 헐떡이며 물을 쏟아냈고, 반질반질 윤기를 머금은 가마솥은 구수한 밥 냄새를 부뚜막 바깥까지 퍼트렸다.

그곳에서 어머니를 비롯해 6남매가 태어나고 자랐다. 외할머니를 비롯한 외가 식구는 30여 년 전 모두 대구로 이사한 터라, 옛 외가는 폐가로 방치돼 있을 가능성이 컸다.

무너진 흙벽, 지붕이 내려앉은 사랑채, 바닥이 갈라진 채 부뚜막에 올라앉은 녹슨 가마솥…… 오래전 기억을 더듬은 끝에 찾아낸 옛 외가의 상태는 예상대로 처참했다. 나는 쓰린 마음을 안고 마당에 서서 낙동강을 굽어봤다. 산과 강으로 둘러싸인 마을에는 논을 부칠 만한 넓은 땅이 없었다.

어머니는 생전에 내게 외가가 그런 가난한 동네에서 평

생 남의 땅만 부쳐 먹고 살았다고 고백했다. 배부르게 쌀밥을 먹은 기억이 거의 없다고. 꽁보리밥만 지겹게 먹었다고. 바닥이 갈라진 가마솥을 바라보며, 어머니가 유난히 제삿밥을 좋아했던 이유를 뒤늦게 깨달았다.

80년대 초반까지도 전기가 들어오지 않았다는 깡촌이 가난한 청춘에겐 어떤 공간이었을까. 아마도 조용한 지옥이지 않았을까. 어머니의 최종 학력은 국민학교 졸업이다. 그림을 잘 그려 경북도 대회에서 큰 상을 받기도 했다는 어머니는 중학교에 진학하지 못했다. 집안 형편이 어려웠고, 외조부모도 어머니를 더 교육할 의지를 보이지 않았기 때문이다.

어머니는 자신의 짧은 가방끈을 평생 부끄럽고 한스럽게 여겼다. 어머니는 살면서 가장 슬펐던 순간 중 하나로 국민학교 졸업식을 꼽았다. 어머니는 등굣길이 세상에서 가장 즐겁고 신났다고 회상했었다.

나는 어머니가 졸업한 학교까지 걸어가 보기로 했다. 학교는 외가에서 약 10km 떨어진 곳에 있었다. 어머니는 내게 학교에 빨리 가고 싶어 종종 산을 넘어 다녔다고 귀띔했었다. 지도를 검색해보니 산길을 따라가면 등굣길이 약 2km가량 줄어들었다.

어머니는 졸업식에서 개근상을 받았다고 한다. 산길은 아무리 짧아도 어린 여자아이가 혼자 걸어 다니기에는 험한 길이다. 어린 어머니는 왜 하루도 빼놓지 않고 어른도 다니기 힘든 험한 산길을 걸어 통학했던 걸까. 나는 산길에서 오래된 기억을 떠올리며 그 이유를 어렴풋이 짐작할 수 있었다.

내가 국민학교에 다니던 시절, 어머니는 내 방학 숙제 중 하나인 그림을 늘 대신 그렸다. 어머니의 그림 솜씨는 기가 막혔다. 어머니는 연필 깎는 칼로 크레파스를 살짝 갈아낸 뒤, 그 가루를 도화지 위에 올려 손가락으로 문질렀다. 어머니의 손끝을 따라 하늘을 물들인 노을의 농도가 미세하게 변했고, 손끝이 닿지 않은 부분에선 뭉게구름이 피어올랐다. 흰색 크레파스로 구름을 그리지 않고도 구름을 표현하는 어머니의 손끝은 내게 마치 마술처럼 경이로웠다. 도화지 위에 손끝이 스칠 때마다 산과 나무가 태어나고 강물이 흘렀다. 노을이 퍼지는 방향을 따라 그림자가 길어졌다. 얼마 지나지 않아 크레파스로 그렸다고 믿기 어려운 훌륭한 풍경화가 도화지 위에 탄생했다.

어머니가 졸업한 학교는 폐교돼 캠핑장으로 쓰이고 있었다. 더는 아이들이 드나들지 않는 철문을 쓰다듬으며 어머니가 등굣길에서 느꼈을 기쁨과 졸업식에서 느꼈을 슬픔을 가늠해봤다. 어린 어머니에게 등굣길은 새로운 세상으로 향하는 길이었을지도 모른다는 생각이 들었다. 등굣길에서 어머니는 어른이 된 후 멋진 그림을 그리는 삶을 꿈꿨을지도 모른다.

나는 내 방학 숙제 그림을 그리던 어머니를 떠올리며 어린 시절 어머니의 간절한 마음을 뒤늦게 이해할 수 있었다. 장편소설 『나보다 어렸던 엄마에게』는 그렇게 시작됐다.

만남만큼 이별도 소중하다

어머니의 나이와 가까워진 나는 한 '여자'로서의 어머니와 허심탄회하게 이야기를 나눠보고 싶었다. 마침 해외에서 고인이 SNS에 남긴 흔적을 바탕으로 고인을 AI로 되살리는 작업이 활발하게 진행 중이라는 뉴스가 화제를 모으고 있었다. 나는 뉴스를 보고 어머니 무덤가에 앉아서 AI로 되살린 어머니와 시시콜콜한 이야기를 나누는 모습을 상상했다.

그 상상을 마지막 장면으로 정하고 소설의 뼈대를 만들어나갔고, 관련 논문과 저서를 읽으며 소재를 보충했다. 상상을 소설로 설득력 있게 표현하려면 일단 어머니에 관한 많은 데이터를 모아야 했다. 데이터가 많으면 많을수록 정밀한 AI를 만들 수 있기 때문이다.

내가 가진 핵심 데이터는 어머니의 일기였지만, 그것만으로는 부족했다. 어머니는 1979년부터 2005년까지 간헐적으로 일기를 썼다. 매일 쓴 날도 있었고, 몇 년 동안 쓰지 않은 날도 있었다.

부족한 데이터를 보충할 방법은 그 시절을 함께 했던 사람을 취재하는 일이었다. 일기에 없는 어머니의 어린 시절을 가장 많이 기억하는 사람은 이모와 외삼촌이었고, 그 이후에 어머니와 가장 많은 시간을 보낸 사람은 아버지였다. 나는 양쪽에게서 들은 이야기를 바탕으로 공백으로 남아 있던 데이터를 채워나갔다.

이 과정에서 나는 아버지가 어머니를 잃고 얼마나 괴로

운 시간을 보냈는지 처음으로 들을 수 있었다. 소설 쓰기를 준비하는 과정은 아버지에 관한 내 오랜 오해를 푸는 과정이기도 했다.

모든 만남은 이별을 예비하고 있다. 영원한 건 없다는 사실을 모두가 잘 안다. 그런데도 우리는 마치 이별이란 존재하지 않는 것처럼 생각하고 행동한다. 그 때문에 많은 사람이 갑작스러운 이별을 제대로 받아들이지 못하고 후회하며 괴로워한다.

언젠가 이별이 다가올 거란 걸 생각하고 산다면, 우리는 지금의 만남에 훨씬 충실한 삶을 살 수 있지 않을까. 그런 삶을 산다면 이별을 맞이하는 날이 오더라도 조금 덜 슬프지 않을까. 나는 소설로 그런 이야기를 전하고 싶었다.

『나보다 어렸던 엄마에게』에 관한 집필 배경을 공개적으로 밝힌 건 이번이 처음이다. 어머니의 비극적인 죽음을 '셀링 포인트'로 활용했다는 오해를 받을까 봐 출간 당시 보도자료와 인터뷰에선 집필 배경을 철저히 숨겼다.

한편으로는 마음속에 찜찜함이 쌓였다. 마치 장례식장에서 조문객에게 어머니의 사인을 숨겼던 과거를 반복하는 듯한 기분이 들었기 때문이다. 어머니가 죄인도 아닌데 사인을 숨기는 게 옳은 일인가. 자살 유가족은 끝까지 그 사실을 숨긴 채 가슴앓이하며 살아가야 하는가.

나는 『나보다 어렸던 엄마에게』를 출간한 후 여러 자리를 통해 생각보다 많은 지인이 가족의 자살을 경험했다는 사실을 알게 됐다. 아울러 그들 대부분이 나처럼 제대로 된 애도 과정을 거치지 못했음도 알게 됐다.

나는 어머니가 세상을 떠난 후에 수시로 자살을 생각했고, 높은 곳에 올라서면 뛰어내리고 싶다는 충동을 느끼곤 했었다. 2019년 기준 통계청의 「사망원인통계」에 따르면 자살 유가족 및 사별자의 자살률은 일반인보다 6~8배 높다. 자살은 또 다른 자살을 부른다. OECD 국가 자살률 1위라는 대한민국에서 이보다 심각한 사회 문제가 또 있을까 싶다. 사람 목숨이 달린 문제 아닌가.

일상과 감정을 기록하는 행위는 자기 치유에 효과가 있다. 글은 말보다 정돈된 내용을 담는다. 나는 소설을 쓰면서 제삼자의 눈으로 어머니와 나를 바라볼 수 있었다. 소설 쓰기는 오랜 세월 깊게 상처 입은 채 남아 있던 내 마음의 상처를 보듬고 치유하는 과정이기도 했다.

『나보다 어렸던 엄마에게』가 나온 지 몇 년 지났으니, 이젠 어머니를 '셀링 포인트'로 활용했다는 오해를 받진 않을 것 같아 집필 배경을 풀어내기로 결심했다.

살면서 큰 상처를 입은 경험이 있다면, 한 발짝 떨어져서 자신의 이야기를 글로 정리해 직시해 보자. 처음에는 아플지 몰라도 치료 효과는 확실하다. 나는 소설 집필을 마치면서 비로소 탈상을 한 듯한 기분을 느꼈다. 경험자로서 확실한 효과를 보장한다.

6

많이 경험하고
부족하면 취재하자

: 장편소설 『젠가』

죽음의 문턱 앞에 서니 모든 게 단순해졌다

지난 2020년 2월 28일, 나는 다니던 신문사에서 퇴사하며 11년 기자 경력을 마쳤다. 내가 퇴사를 결정한 건 예기치 못한 사고 때문이었다. 2020년 1월 2일, 나는 교통사고를 당해 목숨을 잃을 뻔했다. 타고 다니던 차를 폐차해야 할 정도로 큰 교통사고였다. 다행히 나는 아무 데도 다치지 않았다.

차체는 물론 차축까지 완전히 틀어진 차량 하부를 보니 그 자리에서 죽지 않은 게 천운이었다. 그날 사고는 삶을 바라보는 내 시각을 완전히 바꿔 버리며 나를 전업 작가의 길로 이끌었다.

당시 나는 문화부에서 문학 담당 기자로 일하고 있었는데, 일이 손에 잡히지 않아 방황하던 중이었다. 문학 기자는 내가 기자로 일하며 오랫동안 선망해 왔던 자리였다. 새로운 소설을 누구보다 빨리 접하고, 작가와 직접 만나 소통할 수 있는 자리이니까. 그 자리로 가기 위해 세종시로 내려가 2년 넘게 고용노동부, 환경부, 교육부, 문화관광체육부 등 여러 정부 부처 출입 기자로 일하며 사측에 로열티를 보여주려고 애썼다. 그렇게 얻어낸 자리에서 내가 1년도 버티지 못할 줄은, 심지어 퇴사까지 결심하게 될 줄은 꿈에도 몰랐다.

방황은 문학 기자로 명함을 새로 파자마자 시작됐다. 내가 문학 기자로서 처음 인터뷰로 만난 작가는 당시 소설집 『부루마불에 평양이 있다면』을 출간했던 윤고은 작가였다. 윤 작가는 인터뷰 도중 내게 혹시 소설을 쓰는 분이 아니냐고 물었다. 유명 작가가 나를 알아보니 황송할 따름이었다.

윤 작가는 나를 부르는 호칭을 '기자님'에서 '작가님'으로 바꾸며 내게 왜 새 작품을 안 쓰냐고 물었다. 그날 인터뷰는 내게 중요한 질문을 던졌다. 나는 왜 새 작품을 쓰지 않고 새 작품을 쓴 작가만 쫓아다니고 있지? 윤 작가와 인터뷰를 나눈 이후 나는 번민에 사로잡혔다.

당시 『침묵주의보』의 드라마 제작이 결정된 상황이었다. 만약 드라마 방영 시기에 맞춰 새 작품을 써서 출간한다면, 작가로서 나를 알리는 좋은 기회가 될 게 분명했다.

나는 어머니를 소설로 되살리기 위한 준비를 몇 년 동안 틈나는 대로 해온 터였다. 『침묵주의보』가 직장인 독자의 공감을 얻는 모습을 보고 조직 사회를 다룬 장편소설을 몇 편 더 써야겠다는 막연한 계획도 세워 두고 있었다. 문제는 내가 직장에 매인 몸이라는 점이었다.

나는 두 번째 직장에 대책 없이 사표를 던지고 『침묵주의보』를 집필하는 동안에 때 되면 들어오는 월급의 힘을 뼈저리게 느꼈다. 세 번째 직장에 자리를 잡으며, 나는 아무리 조직 생활이 더럽고 아니꼬워도 끝까지 버텨야겠다고 다짐했다.

그런데 장편소설 집필은 짧게는 몇 달, 길게는 몇 년을 필요로 하는 작업이다. 인터뷰로 작가들을 만날 때마다 새 작품을 쓰고 싶다는 욕망이 점점 커졌는데, 내겐 직장 생활과 집필을 병행할 능력이 없었다.

월급과 소설 사이에서 갈팡질팡하던 나는 교통사고를 당한 후 자문했다. 출퇴근하다 죽는 게 소설을 쓰며 굶는 일보다 억울하고 허무하지 않겠는가?

사고 다음 날, 나는 바로 사표를 썼다. 데스크의 만류 때문에 곧바로 퇴사가 이뤄지진 않았지만, 마음이 떠났으니 일이 손에 잡힐 리가 없었다. 두 달가량 더 버텼던 나는 원주 토지문화관 입주 작가로 선발됐다는 연락을 받고 다시 사표를 제출했다. 이번에는 데스크도 막지 않았다.

그렇게 나는 전업 작가 생활을 시작했다. 장편소설 『젠가』는 내가 전업 작가로서 세상에 내놓은 첫 작품이다.

소설과 작가 사이의 거리

여기서 장편소설 『나보다 어렸던 엄마에게』를 한 번 더 짚고 넘어가야 한다. 『젠가』와 『나보다 어렸던 엄마에게』는 서로 아무런 관련이 없어 보이는 장편소설이다. 『젠가』는 사회파 소설로 주인공이 따로 없는 군상극이지만, 『나보다 어렸던 엄마에게』는 일인칭 주인공 시점으로 쓴 가족 소설이니 말이다. 작가 이름을 확인하지 않고 읽으면, 같은 작가의 작품이라는 느낌이 들지 않을 정도로 다르다.

하지만 『젠가』는 내가 『나보다 어렸던 엄마에게』를 쓰지 않았다면 나오지 않았을 소설이다. 나는 『나보다 어렸던 엄마에게』를 쓰면서 소설과 작가의 거리를 깊이 고민했고, 그 결과물이 『젠가』이기 때문이다. 『나보다 어렸던 엄마에게』는 이런저런 사정 때문에 『젠가』보다 늦게 출간됐지만, 『젠가』를 쓰는 데 깊은 영향을 미쳤다.

『나보다 어렸던 엄마에게』는 내가 지금까지 쓴 모든 장편 중에서 나와의 거리가 가장 가깝다. 소설을 쓰는 내내 힘들었던 부분은 나와 소설 사이의 거리를 떨어트리는 일이었다.

소설 쓰기는 진실을 찾아가는 과정이라고 말할 순 있어도, 사실 그 자체를 기록하는 과정이라고 말할 순 없다. 돌아가신 어머니의 일기장이 소설의 모티브라고 해서, 일기장 그 자체가 소설이 될 순 없는 노릇 아닌가.

그걸 알면서도 나는 자주 어머니를 그대로 소설로 옮기고 싶은 충동을 느꼈다. 그럴 때마다 나는 반사적으로 어머니의 비극적인 마지막을 떠올렸고, 마음에 크고 작은 상처를 입었다.

나는 『나보다 어렸던 엄마에게』 초고를 쓴 후 꽤 오래 슬프고 우울한 감정에 시달렸다. 사랑이 다른 사랑으로 잊히듯, 다른 장편을 쓰면서 그 감정에서 벗어나고 싶었다.

새 장편을 쓰기 전에 먼저 두 가지를 다짐했다. 나와 거리가 먼 소설을 쓰겠다고. 일인칭 주인공 시점 소설을 쓰지 않겠다고. 나는 『침묵주의보』에 이어 조직 사회를 다룬 장편소설을 몇 편 더 써보기로 계획했고, 기업과 국회를 다음 작품 주제로 정했다. 먼저 기업을 다룬 장편을 쓴 다음에 국회를 다룬 장편을 써서 '조직 3부작'을 완성해 보기로 했다.

내가 기업을 다룬 장편의 소재로 주목한 사건은 지난

2013년 대한민국을 떠들썩하게 했던 원전 비리 사건이었다. 부품 제조업체, 검증기관, 승인기관이 조직적으로 가담해 품질기준에 미달하는 부품의 시험 성적서를 위조했다는 사실이 내부고발로 드러났다. 아울러 불량 부품이 수년 이상 한국수력원자력에 납품돼 온 사실도 밝혀져 사회적 공분을 일으켰다.

비리의 가장 큰 피해자는 국민이었다. 우선 원전에 갑자기 무슨 문제가 생길지도 모르니 불량 부품이 들어간 원전을 멈춰야 했다. 이 때문에 전력 대란이 발생해 일부 지역의 공장시설 가동이 중단됐고, 사무실이나 가정에서는 여름철 냉방 장치를 가동하지 못하게 되는 등 피해를 보았다.

그렇다고 전력 생산을 멈출 순 없었다. 가정집 에어컨은 몰라도 공장은 돌아가야 하니까. 원전 대신 액화천연가스나 디젤 등 상대적으로 생산 단가가 비싼 발전 수단으로 전력 공백을 메워야 했다. 당시 법정에서 인정되고 정부가 공식적으로 추산한 피해 금액은 9조 9500억 원에 이른다. 반면 불량 케이블 납품 단가는 180억 원에 불과했다.

나는 이 사건이 대한민국 조직 사회의 부조리를 총체적으로 보여준 상징적인 사건이라고 판단했다. 문제를 인지하면 숨기기에만 급급하다가, 문제가 터진 후에야 비로소 수습하겠다고 우왕좌왕하는 조직 문화. 그런 조직 문화는 지금도 여기저기서 비슷한 형태로 끊임없이 반복되고 있으니 말이다. 마찬가지로 원전 비리 사건도 2013년이 끝이 아니었다. 이와 비슷한 사건이 이후에도 여러 차례 전국 곳곳에서 발생했다. 그만큼 국민의 세금이 또 낭비됐다.

하지만 언론은 처음 사건이 벌어졌을 때와 달리 후속 사건에 크게 주목하지 않았다. 언론은 과거에 다뤘던 사건과 비슷한 사건을 좀처럼 다시 다루지 않기 때문이다.

공지영 작가의 장편소설 『도가니』, 조남주 작가의 장편소설 『82년생 김지영』처럼 소설은 종종 기사보다 더 훌륭한 저널리즘 역할을 하며 사회를 움직인다. 나는 소설을 통해 사건의 중요성을 환기해 보기로 했다. 한 발짝 뒤로 물러나서 사건을 바라보고 분석하는 기자처럼. 『젠가』를 쓴 2020년 가을은 마치 기자로 복직한 것처럼 지냈던 계절이었다.

디테일은 경험과 취재에서 나온다

『젠가』는 집필에 앞서 취재가 많이 필요했던 소설이었다. 민감한 주제인 데다 대기업을 비롯해 여러 기업이 엮여 있어서 잘못 다루면 문제를 일으킬 소지가 많았다. 게다가 원전 업계는 '카르텔'이라고 불릴 정도로 폐쇄적이어서 관계자 취재도 어려웠다.

객관적으로 드러난 사실관계 취재를 고민하던 나는 원전 비리 사건을 다룬 고등법원 판례에 주목했다. 판례는 사실관계를 추정하지 않고 밝혀진 그대로를 담기 때문에 그 어떤 취재원보다 정확하다. 나는 A4용지 68매 분량에 달하는 긴 판례를 들여다보며 소설의 뼈대를 만들어 나갔다. 법학을 전공하지 않았다면 판례를 읽고 분석하는 데 애를 많이 먹었을 것이다.

판례를 읽는 내내 참담함을 느꼈다. 썩어도 너무 썩어 있었다. 지옥이 있다면 여기로구나 싶었다. 판례를 읽을 때 내 머릿속에 떠오른 이미지는 기타노 다케시의 영화 『아웃레이지』의 포스터였다. 야쿠자에 관한 그 어떤 낭만이나 미화도 없는 잔혹한 분위기가 매력적인 영화인데, 포스터에서 가장 인상적인 부분은 '전원악인全員惡人'이라는 간결한 네 글자의 카피였다.

나는 '전원악인'이라는 카피가 풍기는 음습한 이미지를 도화지로 삼아 등장인물 모두가 악한 피카레스크(도덕적 결함이 있는 악인들이 주인공인 소설)를 구상했다. 『젠가』의 가제가 『아비지옥』이었던 이유다.

낯설고 전문적인 소재인 원전을 다루는 소설이어서 다른 소설을 쓸 때보다 공부해야 할 게 많았다. 나는 다양한 논문과 보고서를 확보해 읽어 나가며 어려운 소재를 소설로 어렵지 않게 표현할 수 있도록 이해하는 데 많은 시간을 쏟았다. 11년 기자 경력은 논문과 보고서를 읽을 때 재빨리 '야마(기사의 핵심 주제를 의미하는 은어)'를 파악하는 데 큰 도움이 됐다. 소설의 신뢰도를 높이고자 당시 내가 참고한 논문과 보고서의 제목을 『젠가』의 마지막 페이지에 정리해 놓았다.

정해 놓은 마지막 장면을 향해 꾸역꾸역 나아가는 방식

으로 썼던 다른 작품들과 달리, 『젠가』를 쓸 땐 미리 큰 설계도를 그려 놓고 코딩하듯 작업했다. 군상극이라는 소설의 특성상 등장인물이 많아 서로 엉키지 않게 하려고 시도한 작업 방식인데, 이 과정에서 나는 마치 블록 쌓기를 하는 듯한 기분을 느꼈다. 소설의 처음부터 마지막까지 모든 게 내가 의도한 대로 정교하게 짜이는 신기한 경험을 했다. 그때 느낀 기분이 소설의 최종 제목을 『젠가』로 지은 계기가 됐다.

사실 『젠가』의 등장인물은 선하진 않아도 천인공노할 악인은 아니다. 다들 적당히 욕망이 있고 적당히 이기적이고 적당히 유혹에 취약하다. 딱히 악질 범죄를 모의하지도 않는다. 누군가를 죽이거나 다치게 하는 인물도 없다. 다들 정도에서 벗어나 욕망을 추구하다 보니 자기도 모르는 새 수렁에 빠져 허우적거릴 뿐이다. 뒤늦게 어떻게든 살아남아 보려고 발버둥을 치는데, 그럴수록 더 깊은 수렁에 빠진다. 우리 주변에서 쉽게 볼 수 있는 모습이자, 우리 자신의 모습이기도 하다.

당장 눈앞의 이익이 달콤하게 유혹하는데, 원칙과 정도를 지키기란 쉽지 않다. 그렇게 살면 나만 손해 보는 것 같다. 운이 기가 막히게 좋다면 끝까지 남들에게 들키지 않고 잘못된 이득을 얻으며 살아갈 수 있을지도 모른다.

하지만 그 운에 기대어 계속 불안하게 살아갈 것인가? 거짓말을 모면하려고 더 큰 거짓말을 하듯이, 잘못된 선택은 결국 또 다른 잘못된 선택으로 이어진다. 『젠가』의 등장인물 모두 첫 단추를 잘못 채웠기 때문에 계속 무리수를 두고 결국 그 무리수에 걸려들어 파국을 맞는다. 나는 소설을 통해 그런 파국을 맞이하지 않으려면 첫 단추를 제대로 채워야 한다고 이야기하고 싶었다.

『젠가』는 출간 직후 드라마 판권 판매가 이뤄졌다. 콘텐츠 제작사가 내 소설에 관심을 가진 이유는 한국 문학에서 찾아보기 어려운 새로운 이야기였기 때문이다. 내 '뇌피셜'이나 허세가 아니라 제작사 관계자의 전언이다.

기업을 다룬 소설이 뭐가 새로울까 싶지만, 놀랍게도 한국 문학 시장에서 그런 소설은 씨가 말랐다. 독자 대부분이 기업이라는 조직에 소속된 직장인인데도 불구하고, 그들이 등장하는 소설은 많지 않다. 심지어 소설가가 주인공으로 등장하는 소설도 부지기수다.

이 같은 현상의 원인은 직장인 생활을 해본 작가가 많지 않기 때문이다. 대한민국에서 작가를 배출하는 시스템은 출판사, 대학과 긴밀하게 연결돼 있다. 출판사 편집자와 대학 강사 등 일반적이지 않은 직업군이 유독 소설에 자주 노출되는 이유도 여기에 있다. 그러다 보니 요즘에는 다양한 배경을 가진 작가들이 쓴 산문집이나 웹소설, 웹툰이 기존 한국 소설이 외면해 온 영역을 메우며 소설의 역할을 대신하는 모습을 보여주고 있다.

이런 한국 문학 시장의 현실을 반대로 바라보면, 오히려 자신만의 길을 열 수 있다. 자신의 직업으로 열심히 밥벌이

해 온 경험은 소설을 쓰고 '원 소스 멀티 유스one source multi use'
로 활용하는 데 무엇보다도 훌륭한 자산이니 말이다. 소설
쓰기를 배우지 않았다는 이유로, 소설과 관련 없는 밥벌이
를 하고 있다는 이유로 지레 겁먹지 않아도 된다. 경험이 부
족하다면 열심히 취재하자. 훌륭한 취재는 앉은뱅이로 쓴 소
설과 비교할 수 없는 디테일로 돌아온다. 독자는 공들여 취
재해 쓴 소설인지 아닌지 기가 막히게 알아본다. 거짓말하면
바로 들킨다.

7

장점을 강점으로 극대화하라

: 장편소설 『정치인』

욕심 때문에 흔들린 중심

'어떻게든 매체에 팔아보겠다는 진심 없는 글귀.'

지난 2021년 봄, 아내 박준면 배우가 국회를 다룬 내 여섯 번째 장편소설『정치인』초고를 읽고 남긴 메모다. 아내의 메모를 읽은 나는 뒤통수를 한 대 세게 얻어맞은 듯 얼얼한 기분을 느꼈다. 그 평가를 부정할 수 없었기 때문이다.

나 또한 알고 있었다. 내가 염불에는 관심이 없고 잿밥에만 눈독을 들이고 있었음을, 그래서 허접스러운 초고가 나왔음을 말이다. 나는 아내에게 어떤 변명도 하지 못했다.

장편소설『침묵주의보』가 드라마『허쉬』로 만들어진 데 이어, 장편소설『젠가』의 드라마 판권도 팔리자, 내 중심이 흔들렸다. 나는『침묵주의보』를 쓸 때 단 한 번도 영상화를 의도한 적 없었다.『젠가』를 쓸 때도 판권이 팔리면 좋겠다는 생각은 했지만, 영상화를 우선순위로 두면서 쓰진 않았다.

하지만『정치인』은 처음부터 노골적으로 영상화를 노리며 쓴 소설이었다. 아내는 작품의 완성도를 등한시하고 그저 판권을 팔아먹을 궁리만 했던 내 속마음을 꿰뚫어 보았던 거다. 매우 부끄러웠다.

아내는 배우로 데뷔한 지 30년 가까이 된 베테랑이다. 지금까지 수많은 작품에 출연해 연기했고, 출연 작품 수보다 훨씬 많은 대본을 읽었다. 그만큼 작품을 바라보는 눈이 엄격하다. 오랜 세월 프로의 세계에서 버텨온 아내의 신랄

한 평가가 내게 약이 된다는 걸 몇 차례 경험했다. 아내는 『침묵주의보』와 『젠가』 초고를 읽고 쓴소리하면서도 드라마 제작을 예언했고, 예언은 현실이 됐다. 『정치인』 초고를 읽은 아내는 쓴소리를 퍼부음과 동시에 드라마 제작을 또 예언했다. 그로부터 얼마 후 『정치인』은 출간 전 드라마 판권 판매라는 진기록을 세웠다.

아내는 『정치인』 초고에 관해 지금까지 내가 쓴 모든 장편 중 가장 영상 언어와 가깝다고 평가했다. 나는 그 평가에 가슴이 철렁했다. 소설은 소설 그 자체로 완성도를 갖춰야 한다. 소설은 소설 그 자체로 완성도를 갖춰야 한다. 아내의 평가는 이 초고를 소설이라고 부를 수 없다는 사형 선고나 다름없었다.

어떤 작품이든 간에 초고의 완성도는 참담하다. 그 때문에 작가 대부분이 초고 집필보다 퇴고에 훨씬 많은 시간을 들인다. 이런 부분을 참작해도 『정치인』 초고의 완성도는 심각했다. 지금 와서 고백하자면 어설프게 드라마 각본을 흉내 낸, 소설이라고 부르기도 민망한 괴작이었다. 도저히 단행본으로 출간하기 어려운 수준이었다.

자괴감이 들어 초고를 버려야 하나 진지하게 고민했었다. 하지만 이미 드라마 제작사와 판권 계약을 맺으며 직접 각본을 쓰는 각색 계약까지 함께 체결한 터라 내 마음대로 처분을 결정할 수가 없었다. 죽이 되든 밥이 되든 초고를 뜯어고쳐서 최소한의 완성도를 가진 소설로 만드는 길 외엔

퇴로가 남아 있지 않았다.

정치라는 민감한 주제를 다룬 소설이어서 쓸데없는 논란에 휩싸이지 않으려면 빼거나 수정해야 할 내용도 많았다. 나는 바보 온달을 바라보는 평강공주의 심정으로 퇴고에 매달렸다. 무려 2년 동안.

단점을 보완하기보다 장점을 극대화하라

그런데 뭔가 이상하다는 생각이 들 것이다. 드라마 제작사는 도대체 왜 단행본으로 나오지도 않은 소설을, 그것도 엉망진창인 초고만 읽고 판권 계약을 맺은 걸까.

판권 계약은 한두 푼이 들어가는 일이 아니다. 못해도 수천만 원이 오가는 계약이다. 작가가 인세로 그 돈을 벌어들이려면 베스트셀러에 올라 수만 권을 팔아야 한다. 작가에겐 판권 계약이 기회일지 몰라도, 제작사로선 모험이나 다름없는 일이다. 특별한 이유가 없다면 거금을 들여 그런 모험을 감수할 이유가 없다.

『정치인』은 다른 한국 소설과 차별화된 점 하나를 가지고 있었다. 민생에 지대한 영향을 미치면서도 국민에겐 낯선 주제, 바로 입법을 다룬다는 점이다.

내가 이 소설을 써야겠다고 결심한 계기는 한 가지 의문 때문이었다. 학부 전공이 법학인 데다 기자로 오래 일했기 때문인지, 내게 법은 가진 자의 편만 든다고 불만을 쏟아내는 사람이 많았다. 그때마다 나는 그들에게 반문하곤 했다.

법을 만드는 주체가 국민, 즉 자신이라는 사실을 모르느냐고 말이다.

대통령을 비롯한 정무직 공무원, 도지사, 시장 등 많은 정치인이 있지만 그중에서도 가장 대표적인 정치인은 국회의원이다. 국회의원은 입법부, 즉 국회의 구성원이다. 국민은 국회의원을 직접 선출한다. 따라서 국민이 법을 만든다는 말은 조금도 과장이 없는 사실이다. 그런데 왜 입법을 자신과 관련이 없는 먼 나라 이야기라고 여기는 사람이 많은 걸까. 그 의문이 소설의 시작이었다.

참조할 만한 한국 소설, 영화, 드라마가 있는지 살펴보다가 경악했다. 국회를 다룬 영상물은 꽤 있었지만, 국회의원의 본업인 입법을 전면으로 다룬 작품은 없었다. 기껏해야 이런저런 음모를 다루거나 국회의원끼리 연애하는 로맨스물뿐이었다.

소설은 더 심각해서 정치를 다룬 작품이 아예 보이질 않았다. 『정치인』은 놀랍게도 입법을 다룬 국내 첫 장편소설이었다. 가뜩이나 골치 아픈 일이 많은 세상에서 골치 아픈 주제를 다룬 소설이 관심을 끌 수 있을지 걱정했는데, 독자보다 드라마 제작사가 먼저 움직일 줄은 예상치 못했다.

드라마 제작사는 『침묵주의보』가 드라마로 만들어지고 『젠가』도 드라마 판권이 팔린 걸 보고 내게 먼저 접근해 다른 원고가 없는지 물었다. 마침 내게 엉망진창으로 쓴 『정치인』 초고가 있었다. 별다른 기대 없이 넘긴 초고를 제작사가 덜컥 물었다.

제작사도 『정치인』이 초고임을 고려해도 내 전작들보다 완성도가 높지 않다는 걸 잘 알고 있었다. 그런데도 제작사는 그동안 드라마로 전혀 만들어지지 않았던 주제여서 신선하다는 장점에 주목했던 거다. 소설이 가진 수많은 단점에도 불구하고, 그 장점이 제작사를 움직인 결정적인 이유가 됐다.

기존 정치물이 보여준 클리셰를 모조리 비틀어 버렸다는 점도 제작사를 움직인 또 하나의 이유였다. 『정치인』에는 정치물하면 흔히 떠올리는 검찰이나 경찰이 전혀 등장하지 않는다. 이들이 등장해 판을 뒤집어 버리는 전개도 당연히 없다. 그저 국회의원의 의무이자 권리인 입법, 법안을 둘러싼 정부·국회·여야 내부의 관계를 중심으로 이야기를 전개한다. 이 과정에서 죽거나 다치는 등장인물도 전혀 없다.

나는 이를 흥미로우면서도 개연성 있게 보여주기 위해 오랫동안 다방면에 걸쳐 취재하고 정리했다. 제작사는 이런 부분을 내가 설명하지 않았는데도 단번에 알아봤다.

전 과목 평균 100점 만점에 90점인 학생과 수학 점수만 늘 100점이고 나머지는 낙제 수준인 학생이 있다고 가정해 보자. 전자가 후자보다 석차에선 앞설지 몰라도, 수학올림피아드에 대표로 나갈 가능성은 전자보다 후자가 더 높지 않을까.

단점 보완도 물론 중요하지만, 그보다 더 중요한 건 장점을 강점으로 극대화하는 일이라고 생각한다. 『정치인』 초고는 본판이 엉망이지만 매력 하나는 확실했다. 전신 성형으로도 본판을 극복하기 어렵다면, 있는 매력이라도 극대화하는 게 효율적이지 않겠는가. 나는 그렇게 방향을 잡고 퇴고에 돌입했다.

서는 데가 바뀌니 풍경도 달라졌다

내 소설의 공통적인 특징이자 장점은 속도감 있는 문장인데, 질질 끄는 초반부 때문에 중반부를 넘어가야 장점이 빛을 봤다. 『정치인』 초고의 가장 큰 단점은 전작들보다 훨씬 늘어지는 초반부였다. 이는 아내뿐만 아니라 출판사와 편집자도 지적했던 부분이다.

솔직히 말하자면, 나는 그 지적을 한 귀로 듣고 한 귀로 흘렸다. 나는 뚜렷한 기승전결을 사랑한다. 그 때문에 천천히 이야기를 쌓아 후반부에 폭발하는 구성을 즐겨 활용해 왔다. 그런데 『정치인』 초고를 퇴고하고 이를 드라마 각본으로 각색하면서 지금까지 활용해 온 구성의 단점이 내 눈에도 띄기 시작했다. 이는 환골탈태 수준으로 초고를 뜯어고치는 계기가 됐다.

나는 지난 2022년 내내 드라마 『정치인』 각본 1·2화를 쓰는 작업을 했다. 고작 2화 분량을 쓰는 작업인데 1년이 다 지나갔다. 그 사이에 단편 몇 편을 써서 발표하고 첫 산문집도 썼지만, 주된 작업은 각본을 쓰는 일이었다. 내 소설을 내가 각색하는 작업이어서 어렵지 않을 줄 알았는데, 크나큰 오산이었다.

각본 작업과 소설 쓰기가 뿌리부터 완전히 다른 작업이라는 걸 확실하게 알았다면, 나는 아마도 각색에 손대지 않았을 것이다. 하지만 후회했을 때는 이미 작업이 적지 않게 진행돼 늦은 상황이었다.

드라마는 1·2화로 시청자를 붙잡지 못하면 망한다. 아무리 후반부가 훌륭해도 소용없다. 나는 각본 작업에 참고하기 위해 수많은 드라마를 시청했는데, 흥행 드라마 상당수가 초반부만 훌륭하고 후반부가 허술했다. 시청자를 사로잡기 위해 초반부에 '올인'하다가 후반부에 힘이 빠졌다는 증거였다. 처음부터 끝까지 훌륭했던 드라마는 『비밀의 숲』, 『나의 아저씨』 등 소수에 불과했다.

내가 지금까지 소설을 써온 방식처럼 각본을 쓰면 망한다는 걸 직감했다. 내가 처음 써서 완성한 각본은 제작사로부터 회생 불가 판정을 받았고, 이후 새 각본을 쓰고 버리고 수정하는 전쟁 같은 나날이 이어졌다.

2022년이 끝나기 직전, 1·2화 각본에 더 수정할 부분이 보이지 않는다는 제작사의 피드백을 받았다. 문제는 소설이었다. 출판사는 제작사와 판권 계약을 맺으며 논의한 끝에 드라마 방영과 맞춰 소설을 출간하기로 계획했었다. 하지만 드라마 제작 및 편성 일정이 확정되지 않아 소설 출간 일정도 계속 미뤄지고 있었다. 제작사는 소설을 먼저 출간해 드라마 제작 소식을 미리 알리는 게 좋겠다는 의견을 냈고, 나와 출판사도 동의했다. 그때부터 나는 각본 작업을 잠시 멈추고 소설 퇴고와 출간 작업에 매달렸다.

1년 동안 매달렸던 각본 작업은 퇴고에 큰 영향을 미쳤다. 1·2화 각본을 소설에 대폭 반영함으로써 늘어졌던 초반부에 긴장감이 생겼다. 덕분에 내 장점인 속도감 있는 문장이 소설의 처음부터 끝까지 힘을 잃지 않았고, 지루했던 부분도 많이 사라졌다. 입법을 다룬 에피소드에 줄줄이 달려 있던 각주도 모두 사라졌고, 어려운 단어를 가능한 한 일상어에 가깝게 순화했다.

출간 전 최종 교정 원고를 검토한 아내는 정말 초고와 같은 소설이 맞느냐고 놀라워하며 호평을 아끼지 않았다. 장점을 극대화하는 방향으로 진행한 퇴고에 효과가 있었던 셈이다. 그제야 나는 소설을 출간해도 부끄럽지는 않겠다며 안도했다.

원작은 작가에게 훌륭한 무기이자 방패다

넷플릭스를 필두로 다양한 OTT^Over the Top 서비스가 자리를 잡으면서, 미디어·엔터테인먼트 시장 규모가 점점 커지고 있다. 한국딜로이트그룹은 '미디어·엔터테인먼트 시장 성장 동인과 경쟁우위 확보 요건' 보고서를 통해 글로벌 미디어·엔터테인먼트 시장 규모가 2022년 2조 5000억 달러에서 매년 9.5%씩 성장해 2032년 6조 달러에 이를 것으로 전망했다.

이미 많은 드라마 작가 지망생이 방송작가교육원 등 관련 교육 기관에서 수강하고 공모전에 도전하며 입봉의 꿈을 꾸고 있다.

나는 방송작가교육원 등을 통해 교육을 받은 지망생보다 '원 소스 멀티 유스'로 활용 가능한 원작 소설을 가진 작가가 드라마 작가로 입봉할 가능성이 더 크다고 생각한다. 제작사는 보통 기획안과 3~4화 분량의 대본을 보고 드라마 제작 여부를 판단한다. 나머지 대본이 어떻게 나올지 알 수 없어서 제작사로선 작두 타기를 해야 한다. 그러다 보니 신인 작가보다는 이미 성공한 작품을 가진 기성 작가에게 집필 요청이 몰릴 수밖에 없는 구조다.

제작사는 기성 작가에게 거금을 투자하면서도, 작가에게 헤게모니가 실리는 시장 구조를 불편해하고 있다. 이 때문에 제작사가 소설, 웹툰, 웹소설을 영상화하면서 원작 작가에게 각색을 맡기는 사례가 늘고 있다. 기성 작가에 투자하는 비용보다 적은 비용으로 검증된 작품의 판권을 확보할 수 있고, 원작자가 직접 각색하니 작품에 관한 이해도가 높다는 장점이 있기 때문이다.

『보건교사 안은영』, 『이태원클라스』, 『무빙』 등의 드라마가 대표적인 예다. 실제로 나 또한 『침묵주의보』를 드라마로 제작할 당시 각색 요청을 받았으나 거절했었고, 『정치인』의 경우 제작사가 판권을 계약할 때부터 각색을 요청했다.

원작을 가지고 있다는 건 작가에게 여러모로 유리하다. 우선 이야기의 시작과 끝이 정해져 있으니 각본이 산으로 갈 가능성이 줄어든다. 만약 드라마 제작이 이뤄지지 않으면 각본은 갈 길을 잃어버리고 마는데, 원작은 그와 상관없이 그대로 존재할 뿐만 아니라 다시 판권을 팔 기회도 생긴다. 원작 판권을 팔고 각색에도 참여하면 판권료와 각색료를 따로 받을 수 있다. 드라마 원작이라는 타이틀이 생기니 책을 팔 때 홍보하기에도 좋다. 원작은 작가에게 여러모로 훌륭한 무기이자 방패가 된다는 걸 『정치인』과 전작들을 통해 깨달았다.

8

도대체 등단이란 무엇일까

누울 자리를 봐 가며 발을 뻗자

아무리 재미있고 페이지가 잘 넘어가도, 웹소설 형식의 글이 신춘문예에서 당선될 가능성은 없다. 반대로 아무리 훌륭한 문장과 주제 의식을 갖추고 있어도, 순수문학 형식의 글이 웹소설 시장에서 성공할 가능성은 0%에 가깝다.

당신이 이 글을 읽는 이유는 소설을 써서 유명해지고 싶다는 욕망 때문일 것이다. 그렇다면 자신이 쓰고 싶은 소설이 어떤 성격의 글인지 먼저 파악해야 한다. 그래야만 세상에 자기 작품을 내보일 전략을 짤 수 있다. 목마르다고 사막에서 우물을 팔 순 없는 노릇 아닌가.

현재 한국 소설은 크게 순수문학과 장르문학으로 나뉜다. 순수문학의 사전적 의미는 '현실과 시대의 상황과는 무관하게 예술로서의 작품 자체에 목적을 둔 문학'인데, 학창 시절 국어 시간에 배운 소설과 비슷한 소설이라고 말하면 좀 더 이해하기 쉬울지 모르겠다. 장르문학은 순수문학을 제외한 나머지를 포괄하는 개념으로 SF, 판타지, 라노벨, 무협, BL, 웹소설 등이 이에 속한다. 최근에는 SF가 문단에서 비중 있게 다뤄지고 장르문학의 요소가 순수문학에 차용되는 등 변화가 있긴 하지만, 둘 사이에는 여전히 벽이 있다.

참고로 순수문학은 장르문학과 구분하기 위해 관용적으로 쓰이는 용어일 뿐이다. 순수문학이 장르문학보다 순수하다는 의미는 아니지만, 용어가 바뀌어야 쓸데없는 오해가 줄어들지 않을까 싶다.

장르문학을 쓰는 작가는 대개 온라인이나 단행본으로 자기 작품을 발표함으로써 데뷔한다. 콘텐츠 제작사나 온라인 플랫폼이 공모를 통해 신인 작가를 발굴하는 사례도 많아졌다. 반면 순수문학을 쓰는 작가는 대부분 등단이라는 절차를 거침으로써 작품 활동을 시작한다. 등단 경로는 매년 여러 신문사가 주최하는 신춘문예, 각 문예지가 주최하는 신인상, 출판사가 주최하는 장편소설 공모 등으로 나뉜다. 문예창작 전공자나 작가 지망생이 아니면 이 같은 등단 과정의 차이가 뭔지 쉽게 감을 잡기 어려울 테다.

나는 아무런 정보가 없어서 시행착오를 많이 겪었고, 그 과정에서 다양한 경험을 했다. 작가 지망생으로서 수많은 공모에 응모해 떨어져봤고, 당선도 돼봤다. 장편소설로 장르문학에 주는 상을 받아 데뷔했지만, 지금은 기존 문단 시스템에 속한 주요 문예지를 통해 단편소설도 발표하고 있다. 소설을 쓰는 작가로선 드물게 여러 작품의 영상 판권을 팔아봤고, 작품이 드라마로 만들어지는 모습도 봤다. 이젠 내 소설을 직접 드라마로 각색하는 작업도 진행하고 있다.

특히 나는 한국에서 활동하는 작가에게선 좀처럼 찾아보기 힘든 독특한 경력 하나를 가지고 있다. 바로 일간지 문학 기자로 일했다는 점이다. 나는 신춘문예 업무를 맡아 응모작 심사와 당선자 통보 과정이 어떻게 이뤄지는지 모두 지켜봤다. 또한 현장에서 다양한 출판사 관계자와 문예지 관계자를 만나 많은 이야기를 들었다. 쑥스럽지만 문학상 응모작 심사도 해봤다. 여기저기에 떠도는 뜬소문보다는 내 경험담이 훨씬 더 귀담아들을 만할 것이다.

등단이 어떻게 질서가 됐는가

등단은 현재 한국에만 존재하는 독특한 작가 데뷔 절차다. 대표적인 등단 과정인 신춘문예는 20세기 초 일본의 신문사들이 주최했던 현상문예에서 유래했다고 알려졌지만, 정작 일본에선 자취를 감춘 지 오래다. 다른 나라에선 출판사에 원고를 투고해 편집자의 선택을 받아 단행본을 출간하는 방식으로 데뷔가 이뤄진다. 『해리포터』 시리즈를 쓴 조앤 롤링처럼 말이다.

책꽂이에 해외 문학 서적이 있으면 아무거나 뽑아서 책날개에 실린 저자 약력을 살펴보라. 등단이라는 표현이 어디에도 등장하지 않는다. 오직 한국 문학 서적에만 보인다.

해외 사정이 어떻든 여긴 한국이다. 한국에선 등단 제도가 100년 이상 꾸준히 작가 데뷔 절차로 기능해 온 터라 그 역사성을 무시할 수가 없다. 장편소설이 주류인 다른 나라와 달리, 한국 문학계에서 단편소설이 주류를 차지하는 이유도 여기에 있다. 신춘문예뿐만 아니라 문예지 신인상도 대부분 단편소설로 응모자를 평가하기 때문이다.

한국에선 등단 후 청탁을 받아 문예지 등 여러 지면을 통해 단편소설을 발표하고, 이를 묶어 소설집 몇 권을 낸 뒤에야 장편소설을 쓰는 게 일반적인 순수문학 작가의 활동

모습이다.

물론 등단하지 않아도 얼마든지 작가가 될 수 있다. 자비 출판이 쉬워지고 독립 출판도 활성화돼 등단 과정 없이 소설을 출간하는 작가가 점점 느는 추세다. 문제는 이런 방식으로는 순수문학 작가로서 의미 있는 창작 활동을 하기가 어렵다는 점이다.

앞서 말했듯이 국내 출판 시장에서 초쇄를 소화하는 신간 소설은 열 권 중 한 권도 안 된다. 자비 출판이나 독립 출판은 자기만족 외엔 의미가 없는 게 현실이다.

상식적으로 생각해보라. 유명 문학 출판사에서 나온 등단 작가의 단행본도 대부분 초쇄를 소화하지 못하는데, 자비 출판이나 독립 출판으로 나온 무명 작가의 단행본을 사는 데 돈을 쓸 독자가 과연 몇 명이나 있을까. 출판사로선 소설 출간은 뻔히 보이는 적자 리스크를 감수하는 일이다. 리스크를 줄이려면 조금이라도 검증된 작가의 작품을 출간해야 한다. 등단 여부는 출판사의 리스크를 줄이는 중요한 기준이 된다.

무엇보다도 등단이 중요한 이유는 청탁 때문이다. 문학 전문 출판사 상당수가 문예지를 운영하고 있다. 문예지는 단편소설 발표가 이뤄지는 일차적이면서도 가장 중요한 매체로, 평단은 문예지에 발표된 작품만을 비평 대상으로 삼는다.

그런데 비평적으로 의미 있는 문예지가 그리 많지 않다.

이상문학상, 현대문학상, 이효석문학상 등 주요 문학상 수상작의 수록 지면을 살펴보면 일부 계간지(문학동네, 문학과사회, 창작과비평 등), 격월간지(악스트, 릿터), 월간지(현대문학, 문학사상)가 과점하고 있다는 걸 알 수 있다. 이 지면에 싣지 못한 작품은 비평 대상에서 사실상 소외된다. 등단은 순수문학 작가로 활동하기 위해 필요한 최소한의 자격을 갖추고 있음을 증명하는 절차처럼 기능하고 있다.

청탁도 빈익빈 부익부 구조다. 지면이 한정돼 있다 보니, 등단 작가 중에서도 어느 정도 검증되거나 유명한 작가만이 청탁을 받는다. 이 때문에 작가가 문예지를 운영하는 출판사에 저자세를 취할 수밖에 없는 구조가 만들어졌다는 부작용이 있지만, 꾸준히 청탁을 받으면 단행본을 잘 팔지 못해도 평단의 인정을 받으며 작품 활동을 이어갈 수 있다는 장점도 무시할 수 없다.

등단은 순수문학에 한정해 작가로서 의미 있는 작품 활동을 하기 위해 거쳐야 할 사실상 필수 절차다. 문지혁, 이미상 작가처럼 등단 절차를 거치지 않고도 문단에서 나름 입지를 다진 작가도 있지만 극소수에 불과하다. 자신이 그런 작가 중 한 사람이 될 수 있다고 생각하는 건 지나친 낙관이다. 세상은 그리 따뜻하지 않다. 그런 걸 꿈꾼다면 차라리 로또를 사라.

등단은 시작에 불과하다

등단 절차는 저마다 장단점을 갖고 있다. 가장 화려한 등단은 아무래도 신춘문예 당선이다. 새해 첫 신문 지면에 당선작을 싣고 소감을 밝히는 것만큼 화려한 데뷔가 또 있을까. 하지만 신문사는 당선자를 뽑기만 할 뿐 챙겨주지 않는다. 이후 생존은 당선자의 몫이다. '신춘고아'라는 말이 생긴 이유다.

문예지 신인상 당선은 신춘문예 당선보다 화려하진 않지만 실속이 있다. 문예지는 신인상 당선자에게 한두 차례 지면을 내주며 새로운 작품을 발표할 기회를 준다. 어떤 면에선 신춘문예 당선보다 생존 가능성이 높아 보이기도 한다. 그렇다고 해서 당선자의 단행본 출간까지 보장해주진 않는다. 생존은 당선자의 몫이다.

장편소설 공모는 당선과 동시에 단행본을 출간할 수 있다는 장점이 있다. 반면 문예지로부터 단편소설 청탁을 받기가 어려워 꾸준히 이름을 알리기가 어렵다는 단점이 있다. 다시 말하지만, 단편소설이 한국 문학의 주류다. 마찬가지로 생존은 당선자의 몫이다.

등단 이후 생존 여부는 후속작에 달려 있다. 신인 작가 상당수가 등단작보다 인상적인 후속작을 쓰지 못해 빠르게 사라진다. 나는 문학 기자로 일하던 시절에 지난 2010년 중앙일간지 7곳(경향신문·동아일보·문화일보·서울신문·세계일보·조선일보·한국일보)이 주최한 신춘문예 시·소설 부문 당선자 14명의 등단 후 행보를 조사해 기사로 쓴 일이 있다. 놀랍게도 등단 후 10년 안에 자신의 이름으로 단행본을 출간한 당선자는 5명에 그쳤다. 등단은 시작에 불과하다는 말은 더도 덜도 아닌 사실이다.

후속작을 쓰고 발표할 기회는 청탁받아야 생긴다. 냉혹한 현실인데, 등단은 후속작 청탁을 받을 수 있는 곳에서 해야 의미가 있다. 중앙일간지 신춘문예, 주요 문예지(문학동네, 창작과비평, 문학과사회, 자음과모음, 현대문학, 문학사상 등)의 신인상 당선이 아니면 후속작 청탁을 받기가 무척 어렵다. 이런 이유로 지역일간지 신춘문예나 중소규모 문예지의 신인상에 당선되고도 재등단을 준비하는 사례가 적지 않다. 실제로 윤대녕, 김영하, 김숨 등 여러 중견 작가가 이런 재등단 과정을 거쳤다.

등단을 미끼로 당선자에게 상금을 주기는커녕 상패 제작이나 책값을 명목으로 이른바 '등단비'를 받는 문예지도 전국에 수두룩하다. 이런 곳에서 등단하면 청탁은커녕 어디서도 인정받지 못하고 돈만 버리는 꼴이니 근처에 얼씬도 하지 말자.

부끄럽지만 내게도 한 계간 수필 문예지의 신인상에 당선돼 '등단비'를 내고 상패를 받은 흑역사가 있다. 그때 50만 원을 내고 상과 함께 받은 책이 아직도 고향 집에 몇 권 남아 있다. 지금도 그 문예지가 꾸준히 나오는 걸 보면 등단 장사가 여전히 잘 되는 모양이다.

다시 강조하지만, 여기서 설명한 내용은 순수문학에 한
한다. 장르문학은 데뷔 경로가 워낙 다양해서 요약해 설명
하기가 어렵다. 장르문학에 관해선 이후 내 경험담을 털어
놓는 것으로 대신할 테지만 정답은 아니다. 그냥 참고만 하
길 바란다.

당선 비결? 좋은 작품을 써라

신춘문예에 깊이 개입했던 만큼 아무래도 그에 관해 할
말이 많다. 가장 궁금한 부분은 당선 연락을 언제 해주는지
가 아닐까 싶다. 내 경험에 비춰보면 12월 초에 예심과 본심
을 진행하고, 본심 직후 심사위원 앞에서 바로 당선 연락을
한다. 나는 12월 중순을 넘기지 않고 모든 당선자에게 연락
을 끝냈다.

내가 일했던 신문사 뿐만 아니라 다른 신문사도 마찬가
지일 테다. 성탄절 전날 전화를 걸어 당선 여부를 알려준다
는 소문이 사실처럼 돌던데 글쎄. 신춘문예 특집 지면은
12월 말에 모두 미리 만들어진다. 지면 제작 일정이 빠듯하
다. 당선자 인터뷰도 해야 하고 삽화도 만들고 준비할 게 많
기 때문이다. 일정상 성탄절 직전까지 심사를 질질 끌 수가
없다.

괜한 꼼수를 쓰지 말자. 응모 원고는 철저하게 인적 사
항을 가린 채 예심위원들에게 분배된다. 응모 원고를 살펴
보면 별의별 꼼수가 눈에 띈다. 인적 사항이 앞장뿐만 아니

라 맨 뒷장에도 첨부된 경우가 다반사였고, 심지어 장마다 자신의 이름을 적어놓은 응모작도 꽤 있었다. 누가 심사위원이 될지 모르지만, 혹시라도 자신과 인연이 있는 심사위원이면 눈여겨봐주길 기대하는 꼼수다. 나는 그런 응모작이 보이면 사인펜으로 철저히 이름을 가리고 복사해 사본을 심사위원에게 보냈다. 다른 신문사의 문학 기자도 나와 마찬가지였을 것이다.

말도 안 되는 수준인 작품이 당선되는 예는 없다고 봐도 된다. 심사위원의 성향이 저마다 다르기 때문에, A 언론사 신춘문예에 응모했으면 당선됐을지도 모를 작품이 B 언론사에 응모해 떨어질 가능성은 충분히 있다. 그건 안타깝지만 운의 영역이다. 하지만 본심에는 절대 수준 이하인 작품이 오르지 않는다. 대진운이 좋지 않아 탈락했다고 아쉬워할 순 있어도, 내 응모작이 당선작보다 수준이 높은데 왜 탈락하느냐고 따지는 건 어리석은 일이다. 그 시간에 작품 하나를 더 쓰는 게 정신 건강에 좋다.

심사위원들을 곁에서 지켜봤는데 정말 치열하게 토론하고 싸운다. 본심에 오른 응모작을 절대 쉽게 판단하지 않는다. 나는 이 정도로 심사위원들이 치열하게 고민하는 줄은 몰랐다. 단언컨대 실력을 갖춘 사람이 운이 나빠 탈락할 순 있어도, 실력도 없는 사람이 운이 좋아 당선될 가능성은 없다.

심사위원들은 응모작 중에서 상대적으로 '좋은' 작품을 뽑지 '트렌디한' 작품을 뽑진 않는다. 신춘문예 응모작에는 당대 한국 문학계의 경향이 강하게 반영될 수밖에 없다. 응모자들이 참고하는 작품은 당대에 가장 관심을 끄는 작품일 테니 말이다. 내가 신춘문예 업무를 맡았을 당시 대한민국 문학계에선 페미니즘, 퀴어 서사, SF 등이 주목받고 있었다. 응모작 상당수가 이를 주제로 다룬 작품이었다. 한마디로 서로 비슷한 응모작이 많았다는 말이다. 압도적으로 뛰어난 작품을 쓰지 않는 이상, 심사위원에겐 신선할 게 없다. 내가 기억하는 당선작 중에도 트렌디한 작품은 없었다.

글자 크기나 폰트를 지나치게 신경 쓰지 않아도 된다. 어떤 심사위원도 그걸 신경 쓰지 않았다. 무난하게 눈에 들어오고 읽는 데 지장 없으면 충분하다.

앞서 말했듯이 당선보다 더 중요한 건 후속작이다. 신춘문예 당선자의 생존율이 왜 이렇게 저조한지 예전부터 줄곧 의문이 들었는데, 문학 기자로 일하며 그 이유를 깨달았다. 당선 후 문예지의 청탁을 받아 발표하는 첫 작품이 당선자의 운명을 좌우하더라. 어느 문예지의 청탁을 받았느냐도 당선자의 행보에 상당한 영향력을 미친다.

후속작으로 문단의 주목을 받지 못하면 청탁을 받지 못해 사실상 작가로서의 생명이 끝난다. 등단작에 버금가는 작품을 많이 준비해 두고 있어야 살아남을 수 있다. 총알은 많을수록 좋다.

문예지 신인상 심사도 큰 틀에선 신춘문예와 비슷하고 당선권에 가까운 응모자 풀도 크게 다르지 않다. 그러다 보니 신춘문예 최종심에 올랐던 작품이 문예지 신인상에 당선되는 사례도 종종 있고, 그 반대의 사례도 나온다.

다른 점이라면 신춘문예가 누구나 읽어도 무난한 응모작을 당선작으로 내지만, 문예지 신인상은 실험적이거나 파격적인 응모작을 당선작으로 내기도 한다는 점이다. 신춘문예는 무조건 당선자를 내지만, 문예지 신인상은 당선자를 내지 않는 경우가 있다는 점도 차이다.

9

길은 여러 갈래로 나뉘어 있다

어느 쪽이든 소수만 살아남는다

이쯤 되면 좀 의아한 기분이 들지도 모르겠다. 지금까지 자신이 쓴 장편소설에 관한 이야기를 신나게 떠들어 놓고, 왜 인제 와서 단편소설이 대한민국 문학의 주류이니 뭐니 하며 딴소리를 하는지 말이다. 등단하라는 건지 말라는 건지 헷갈리기도 할 테고.

순수문학에 한해서는 등단, 그중에서도 청탁받을 수 있는 정도의 권위를 가진 등단이 필요한 게 현실이다. 더럽고 아니꼬워도 그게 이 바닥 질서다. 다시 말하는데, 이 글은 취미로 소설을 쓰고자 하는 사람을 위한 글이 아니다. 진지하게 작가를 직업으로 삼고자 하는 사람을 위한 글이다.

비교가 적당한지 모르겠지만, 등단 절차는 대기업 신입 공채와 비슷해 보인다. 취업준비생이 가장 선호하는 기업은 급여와 복리후생이 좋고 안정적인 대기업이다. 대기업 신입 공개 채용 지원 자격은 대개 해외여행에 결격사유가 없고 공인 영어 성적을 보유한 4년제 대학 졸업 예정자 또는 졸업자다. 지원 자격에 엄격한 제한을 두는 대기업은 드물다. 그렇다고 해서 지원자 모두가 채용 합격이라는 달콤함을 맛보는 건 아니다. 지원자가 얼마나 되든 간에 채용 인원은 정해져 있다. 서류 전형, 인·적성 검사, 면접 전형을 거치며 다른 지원자보다 더 우수한 자원임을 증명해야만 사원증을 목에 걸 수 있다.

일단 사원증을 목에 걸면 여러모로 대우가 달라진다.

주변에서 바라보는 시선이 바뀌고, 소개팅 자리가 자주 생기며, 마이너스 통장 대출 잔액이 늘어난다. 무엇보다도 좋은 점은 본인을 소개하는 데 구구절절 긴 말이 필요하지 않게 된다는 점이다. 하지만 대기업 공채 합격자는 전체 취업자 중 소수에 불과하다. 중소벤처기업부가 발표한 '2020년 중소기업 기본통계'에 따르면 전체 기업의 99.9%가 중소기업이고, 전체 근로자 5명 중 4명(81.3%)이 중소기업에서 일한다.

중소기업은 대기업보다 입사하기가 상대적으로 쉽지만, 취업 후 상대적으로 열악한 급여와 복리후생을 감수해야 한다. 실제로 고용노동부가 2023년 2월에 발표한 '1월 사업체 노동력조사'에 따르면 중소기업 임금은 대기업 임금의 58.4%에 그친다. 취준생들이 어떻게든 대기업에서 직장 생활을 시작하려는 데엔 다 이유가 있다.

하지만 시작이 화려했다고 해서 마지막도 화려하리라는 보장은 없다. 지난 2022년 헤드헌팅 업체 유니코써치가 국내 상장사 중 매출액 기준 100대 기업을 조사한 결과, 전체 직원 수 83만 3720명 중 사내·사외이사 등기임원을 제외한 미등기임원은 6894명으로 나타났다. 임원 1명당 평균 직원 수는 120.9명, 전체 직원 수 대비 임원 비율은 0.83%다. 산술적으로 신입 직원 100명 중 '별'을 다는 직원이 1명도 안 된다는 말이다.

마찬가지로 화려한 등단이 화려한 미래를 보장해 주지

않는다. 작가로서 살아남을 가능성을 살짝 높여줄 뿐이다.

게다가 순수문학을 다루는 한국 출판 시장은 등단 절차를 대기업과 비교하는 게 무색할 정도로 작은 편이다. 2022년 기준 주요 단행본 출판사(23개 사)의 총매출액은 4629억 원으로 2021년(4693억 원) 대비 1.4% 줄어들었다. 1위를 차지한 출판사의 매출액이 고작 건실한 중소기업 수준이고 시장 전체 영업이익도 그 정도다.

그런 작은 시장에서 일부 문학 출판사가 운영하는 문예지를 중심으로 단편소설에 치중하는 나름의 질서가 아슬아슬하게 돌아가고 있고, 그 질서를 따르지 않으면 등단이나 단행본 출간이 어려운 게 현재 한국 문학 상황이다. 점점 게토Ghetto로 변하는 시장에 일부 코어 독자만 남아 겨우 버티는 구조다. 출판 시장은 더 어려워질 전망이다.

중소기업에서 밥벌이를 시작했다고 낙오자가 되는 건 아니다. 중소기업에서 경력을 쌓아 대기업 못지않은 대우를 받고 동종 업체로 이직하는 경우가 있고, 어깨너머로 기술을 익혀 독립해 자기 사업을 벌여 성공하는 경우도 있으니 말이다. 대기업 공채 이상으로 좁은 문을 통과하고 험한 길을 걸어야 하지만, 살아남으면 어깨 펴고 살 수 있다.

친구 모임에 나갈 일이 있으면 살펴보자. 거기서 가장 큰 부를 쌓은 친구는 대개 일찍 자기 사업을 시작해 입지를 굳힌 친구 아니던가. 마찬가지로 본인이 쓰고 싶은 소설이 순수문학이 아니라면, 굳이 등단에 매달릴 필요가 없다.

장르문학 시장 규모는 이미 순수문학 수준을 한참 뛰어넘었고 점점 격차를 벌리고 있다. 2022년 기준 장르문학을 주로 선보이는 주요 전자출판(전자책·웹툰·웹소설) 플랫폼 기업(13개 사)의 매출액은 약 1조 2589억 원으로 전년 대비 30.1% 늘어났다. 주요 단행본 출판사 총매출액의 2.7배에 달한다. 특히 웹소설을 원작으로 한 웹툰 미디어 믹스가 활발히 전개되고 있고, 인기 웹소설의 웹툰화는 업계에서 당연하게 여겨질 정도로 완전히 정착했다.

장르문학 중에서도 특히 웹소설 작가를 꿈꾸는 이들이 많아졌다. 순수문학보다 진입장벽이 낮은 데다, 순수문학에선 상상도 할 수 없을 만큼 엄청난 수입을 올린 대박 작품이 줄을 이었기 때문이다. 『전지적 독자 시점』과 『화산귀환』은 지난 2021년 누적 거래액 100억 원을 돌파해 큰 화제를 모은 웹소설이다. 2022년에 미니시리즈 최고 시청률을 기록한 JTBC 드라마 『재벌집 막내아들』도 동명 웹소설을 원작으로 만든 드라마였다. 이 밖에도 웹소설을 원작으로 제작 중인 드라마가 여럿이다.

대신 작가로 성공할 확률도 낮다. 민감하게 트렌드를 파악하고 독자의 요구와 눈높이를 따라가지 않으면 바로 도태되기 때문이다. 한국창작스토리작가협회는 2022년 기준 작가 지망생, 부업 작가를 포함한 웹소설 작가 수를 20만 명가량으로 추산했다. 2021년 국가인권위원회가 발표한 '플랫폼 노동 종사자 인권 상황 실태조사 결과'에 따르면 웹소설 작가는 하루 평균 9.8시간 일하고, 월 180만 원을 번다. 대다수 작가가 법정 근로 시간인 8시간보다 많이 일하는데도 최저 임금을 못 번다. 수입만 생각한다면 그 시간에 알바를 뛰는 게 더 나을 수도 있다. 극심한 부익부 빈익빈 구조다.

순수문학이든 장르문학이든 의미 있는 작품 활동을 하며 살아남는 작가는 소수라는 점은 마찬가지다. 다만 OTT 시장의 성장과 더불어 다양한 분야에서 IP 수요가 늘어남에 따라 스토리의 가치가 점점 올라가고 있고, 그와 맞물려 원천 콘텐츠로서 소설의 가치도 올라가고 있다는 점은 긍정적인 변화다. 쥐꼬리만 한 인세 외엔 기대할 수입이 없었던 작가에게 새로운 먹거리를 찾을 길이 열렸으니 말이다.

나는 앞으로 순수문학과 장르문학의 구분을 넘어 다양한 배경을 가진 작가들이 쓴 새로운 소재를 다룬 소설이 '원소스 멀티 유스' 콘텐츠의 중심으로 자리를 잡으리라고 본다. 모든 콘텐츠의 시작은 결국 글이니 말이다.

여담인데 나는 장편소설 『다시, 밸런타인데이』를 뜯어고치면서 한 웹소설 플랫폼에 슬쩍 다른 제목과 가명으로 수정 원고를 무료로 연재했었다. 직접 연재해 봐야 웹소설 시장의 분위기를 알 수 있을 것 같아 두 달에 걸쳐 소설을 연재하며 매일 반응을 살폈다.

정식 연재가 아니었는데도 매화 조회 수가 최소 수백 건, 많으면 수천 건 이상인 걸 보고 웹소설 독자가 얼마나 많은지 실감했다. 인기 유료 웹소설의 조회 수는 매회 수만

건이 기본이었다. 긴 호흡을 가지고 기승전결이 뚜렷한 서사를 전개하는 데 익숙한 내게, 매화에 걸쳐 극적인 전개를 보여주고 다음 화를 위한 떡밥을 풀어야 하는 웹소설 연재는 숨이 턱턱 막힐 정도로 힘들었다. 나는 아무리 노력해도 웹소설로 대박을 터트릴 자신이 없다. 나는 인기 웹소설 작가들을 진심으로 존경한다.

하지만 끝날 때까지 끝난 게 아니다

나는 앞서 장편소설 『도화촌기행』에 관해 이야기하며, 나름 화려해 보였던 데뷔가 이후 작가로 활동하는 데 두고두고 걸림돌이 될 줄은 몰랐다고 고백한 바 있다. 그 이유는 내가 받은 '조선일보 판타지 문학상'의 성격이 무척 모호했기 때문이다. 심사위원 대부분이 기존 문단에서 활동 중인 평론가였고, 유명한 장르소설 작가 한 명이 구색 맞추기 형식으로 끼어 있었다.

『도화촌기행』은 순수문학과 장르문학 중 어느 한쪽으로 분류하기에 모호한 소설이었다. 일본이라면 대중소설로 분류했을 소설이지만, 대한민국 문학 시장에는 그때나 지금이나 대중소설이라는 분류가 없다.

내가 지금까지 작품 활동을 해온 궤적을 살펴보면, 다니던 기업이 부도를 맞아 어쩔 수 없이 자영업에 뛰어들어 개고생한 꼴이다. 어떻게 데뷔했는지 길게 설명해야 할 일이 많았던 데다, 내가 받은 문학상은 불과 5회 만에 폐지됐으니 말이다.

그러다 보니 작가들과 함께하는 자리에 있을 때 사파邪派 취급을 받은 일도 있었고, 대놓고 자기들과 다른 사람이란 말을 듣기도 했었다. 심지어 『침묵주의보』로 백호임제문학상을 받았을 땐 한 심사위원이 장르소설 작가를 인정할 수 없다며 내게 상을 주는 걸 끝까지 반대했다는 뒷이야기도 들었다. 돌이켜 보면 어이없는 취급을 받았던 일이 한두 번이 아니다.

내가 데뷔한 2011년은 지금과 달리 문단이 장르문학에 대해 언급조차 꺼리던 시절이다. 기존 문단 시스템이 판타지 작가라는 타이틀이 붙은 내게 새로운 작품을 청탁할 리가 없었다. 반대로 장르문학 독자는 『도화촌기행』을 판타지가 아니라 순수문학에 가까운 소설로 봤다. 내 소설은 어느 쪽에서도 환영받지 못했고, 잘 팔리지도 않았다.

나는 데뷔와 동시에 외딴섬이나 다름없는 존재가 됐다. '조선일보 판타지 문학상'은 모호한 성격을 극복하지 못하고 히트작도 내놓지 못한 채 조용히 사라졌다. 지금은 그런 상이 존재했었다는 사실조차 기억하는 사람이 드물다.

당시 이런 상황을 전혀 이해하지 못했던 나는 큰 상금을 주는 문학상을 받았는데도 왜 내게 아무런 입질이 없는지 답답해했다. 한참 후에야 나는 앞서 언급한 일반적인 등단 과정을 제대로 거치지 못했기 때문에 청탁을 받을 수 없었음을 깨달았다. 나는 이 바닥이 돌아가는 질서에 관해 정말 아무것도 몰랐다. 문예지가 작품 활동을 하는 데 있어서 왜 중요한지, 출판사 브랜드 파워가 어떤 영향을 미치는지 아는 게 아무것도 없었다.

무엇보다도 큰 문제는 『도화촌기행』이 이런저런 한계를 넘어 모두를 설득할 수 있을 정도로 잘 쓴 작품이 아니었다는 점이다. 그런 작품이었다면 나와 함께 작업하자며 나서는 출판사가 있었을 테다. 내가 데뷔 후 차기작을 내기까지 무려 7년이나 걸린 이유다.

데뷔 후 눈에 띄는 후속작을 내지 못하는 작가는 사라지는 게 보통인데, 나는 뒤늦게 뜬금없이 다시 나타나 활발하게 작품 활동을 이어가는 특이한 사례다. 장편소설 『침묵주의보』에 관해 이야기할 때 언급했듯이, 내 소설은 OTT 시대를 맞아 영상 콘텐츠 제작이 늘어나면서 관심을 받기 시작했다. 단편소설보다는 장편소설이 영상 콘텐츠로 만들기에 적합하고, 서사가 뚜렷해야 각색하기 좋은데, 내 소설이 마침 딱 그 조건에 맞았다.

나는 『침묵주의보』에 이어 『젠가』『정치인』의 영상화 판권을 잇따라 팔며 다음 작품을 쓰기 위한 새로운 동력을 얻고 활동 보폭을 넓혔다. 다른 작품에도 꾸준히 판권 문의가 오고 있다. 현재 나는 대한민국에 몇 안 된다는 전업 작가다. 즉, 글로 나름 밥벌이를 할 만큼 수입을 얻고 있다는 말이다.

바뀐 세상에서 나는 외딴섬이 아니었다. 이젠 콧대 높던 주요 문학 출판사까지 자사 출간작의 영상화 판권을 팔고자 앞다퉈 필름 마켓에 부스를 설치하고 호객행위를 할 정도로 세상이 바뀌었다. 아무런 기약이 없어도 부지런히 쓰고 버티다 보니 내가 작품 활동을 하기에 괜찮은 세상이 왔다.

이제 나는 누구나 이름만 들어도 고개를 끄덕일 만큼 유명한 작가는 아니지만, 적어도 '듣보잡' 소리는 듣지 않게 됐다. 덕분에 요즘에는 단편소설 청탁도 쏠쏠히 받아 문예지와 앤솔로지를 통해 꾸준히 작품을 발표하고 있다. 단편소설로 등단해 소설집 몇 권을 내놓고 장편소설을 쓰는 일반적인 작가의 행보와 정반대의 길을 걷고 있는 셈이다.

청탁이란 걸 받기까지 데뷔 후 10년 가까이 걸렸지만, 내가 포기하고 소설 쓰기를 접었다면 지금처럼 작가로 사는 일은 없었을 테다. 끝날 때까지 끝난 게 아니다.

장편소설 단행본만 꾸준히 출간하다가 인제 와서 단편소설도 써서 문예지를 통해 발표하는 내 행보가 조금 의아해 보일지도 모르겠다. 이는 주로 순수문학을 쓰는 등단 작가의 작품 활동 방식이기 때문이다. 작가로 오래 활동하고자 선택한 나름의 투트랙 전략인데, 이에 관해선 내 단편소설을 소개하면서 이유를 설명하겠다.

10

등단 기회를 늘리는 전략
: 단편소설

장편보다 단편으로 등단할 기회가 더 많다

확률만 보면 장편소설보다 단편소설로 등단을 시도하는 게 합리적이다. 장편소설 집필은 짧으면 몇 달, 길면 몇 년을 매달려야 하는 고된 작업이다. 어렵게 원고를 완성해도 도전할 공모가 많지 않다. 매년 정기적으로 장편소설을 선발하는 공모를 살펴보면 문학동네소설상, 한겨레문학상, 혼불문학상, 수림문학상, 제주4·3평화문학상 등 소수에 불과하다.

반면 단편소설은 짧으면 며칠 안에 쓸 수 있고, 도전할 공모도 많다. 국내 문학 공모 관련 정보를 모은 최대 규모의 사이트 '엽서시문학공모(https://ilovecontest.com/munhak)'를 살펴보라. 신춘문예를 비롯해 사이트에 올라온 소설 공모 대부분이 단편소설로 신인을 선발한다.

장편소설 공모로 등단에 도전하는 일은 주식 투자와 비교하면 집중 투자와 비슷하고, 단편소설 공모로 등단에 도전하는 일은 분산 투자에 가깝다. 투자에 정답은 없다지만, '계란을 한 바구니에 담지 말라'는 격언이 왜 나왔는지 생각해보라. 게다가 주식 투자는 '하이 리스크 하이 리턴'일지 몰라도, 장편소설 집필은 대개 '하이 리스크 로우 리턴'이다. 공모에 당선돼 출간에 성공하더라도, 인세로 의미 있는 수익을 기대하기가 어려운 데다 단편소설 청탁에서 소외되기 때문이다.

솔직히 가성비가 꽝이다. 장편소설 공모 당선을 노리더

라도, 단편소설도 꾸준히 써서 등단을 시도하는 양수겸장兩手兼將이 현명한 전략이다. 나도 처음에는 단편소설로 등단을 시도했었다.

장편소설 원고를 출판사에 직접 투고해 단행본을 출간하는 방법도 있는데, 인지도 있는 문학 출판사에서 출간하기가 공모 당선 이상으로 어렵다. 일단 투고 원고를 성실하게 검토하는 출판사가 드물다. 원고를 꼼꼼하게 검토할 만한 여유 인력이 없기 때문이다. 앞서 설명했듯이 유명 문학 출판사에서 나온 등단 작가의 단행본도 대부분 초쇄를 소화하지 못하는데, 검증도 안 된 무명작가의 투고 원고가 출판사의 검토 대상에 오르겠는가.

투고를 받아도 답신하지 않는 출판사가 많고, '보내주신 원고는 편집회의에서 논의했지만'으로 시작하는 형식적인 답신 메일을 보내는 출판사도 부지기수다. 내가 지금까지 만난 모든 출판사 관계자가 인정한 불편한 진실이다. 투고는 하되 기대하지 않는 게 정신 건강에 좋다.

나 또한 지금까지 출판사에 수백 차례 투고해 거절당한 경험이 있다. 내 데뷔작 『도화촌기행』부터가 그랬던 원고였다. 심지어 내가 드라마 『허쉬』의 원작인 장편소설 『침묵주의보』로 이름을 알린 뒤에 쓴 장편소설 『나보다 어렸던 엄마에게』 원고조차도 국내 주요 문학 출판사 모든 곳에서 거절당했다.

현실이 이렇다 보니 화려하게 등단하고도 장편소설 공

모에 재도전하는 작가가 넘쳐난다. 장편소설 공모는 단편소설 공모와 달리 기등단자에 제한을 두지 않기 때문이다. 실제로 장편소설 공모 당선자 대부분이 이미 등단한 작가다. 은희경, 김영하, 천명관 작가 등이 이런 과정을 거친 대표적인 예다. 도전자 중에 허수가 많지 않다. 경쟁률은 단편소설 공모보다 낮아 보여도, 실질 경쟁률은 대단히 치열하다.

단편을 써야 오래 작가로 활동할 수 있다

앞서 나는 작가로 오래 활동하기 위한 전략으로 단편소설 쓰기에도 신경을 쓰고 있다고 말했다. 퇴사 당시 나는 장편소설 쓰기에만 집중할 생각이었지만, 시간이 흐를수록 그것만으로는 부족하다는 걸 느꼈다. 아무리 열심히 장편소설을 써서 단행본을 내놓아도 업계 사람들이 내 존재를 감지하지 못했기 때문이다.

몇 년 전, 한 출판사 대표와 만나 함께 술을 마셨을 때의 일이다. 술에 취한 그는 내게 출판사 편집위원 중에 나를 아는 사람이 아무도 없는데, 내가 판권을 자꾸 파는 게 신기하다고 말했다. 칭찬인지 욕인지 구분되지 않는 그의 말을 들으니 업계에 어떻게든 내 이름을 알려야겠다는 오기가 생겼다.

내 이름을 업계에 알릴 가장 효율적인 방법은 문예지의 청탁을 받아 단편소설을 싣는 것이었다. 문예지는 사실상 기관지 성격을 가지고 있기 때문이다. 일반 독자 대부분은 존재조차 모르지만, 업계 관계자는 꼼꼼하게 읽는다. 주요 문예지를 운영하는 출판사 대부분이 대형 문학 출판사이고, 해당 문예지에 청탁받아 지면에 단편소설을 실은 작가는 대형 문학 출판사와 단행본 출간 계약을 하기가 쉽다. 대형 문학 출판사를 통해 단행본을 출간한 작가는 이후에도 해당 출판사와 인연을 이어가는 경우가 많다. 주요 문예지로부터 꾸준히 단편소설 청탁을 받는 작가는 단행본을 많이 팔지 못하더라도 작품 활동을 이어갈 수 있다. 단편소설 공모를 통해 등단해야 하는 현실적인 이유다.

이 같은 업계 구조를 뒤늦게 이해한 나는 장편소설을 쓰는 동안에도 부지런히 단편소설을 써서 문예지에 투고했다. 몇 년 동안 문을 두드리며 수도 없이 거절당한 끝에 몇몇 문예지 지면을 뚫을 수 있었다. 문예지에 발표한 단편소설 때문인지 몰라도 그 이후 여러 경로로 단편소설을 발표할 기회가 많아졌다. 내게 먼저 이런저런 제안을 하는 출판사도 늘어났다. 내 전략은 작지만 어느 정도 성과를 거뒀다.

재고는 많을수록 좋다

지난 2019년 10월, 나는 데뷔 후 처음으로 단편소설 청탁을 받았다. 당혹스럽게도 내게 소설을 청탁한 매체는 한국의 문예지가 아니라 『INK』라는 대만의 월간 문예지였다. 대만에서 가장 권위 있는 문예지라는 매체가 도대체 무슨 이유로 한국의 무명작가에게 지면을 내준 걸까. 나는 지금도 그 이유를 전혀 모른다. 당시 장편소설『침묵주의보』를 원작으로 한 드라마 제작이 결정된 상황이었고, 대만 현지에서 한국 드라마의 인기가 높아 내게 청탁이 온 게 아닐지 짐작할 뿐이다.

얼떨결에 청탁을 받긴 했는데, 눈앞이 캄캄했다. 당시 나는 신춘문예에 도전했던 20대 말 이후로 단편소설을 쓰지 않은 지 오래였다. 또한 기자로 바쁘게 일하고 있어서 새로운 단편소설을 쓸 여력이 없었다.

내 선택은 재고를 뒤지는 일이었다. 내 외장하드디스크에는 과거 여러 신춘문예와 문예지 신인 공모에 냈다가 본심에서 이름 한 번 언급되지 못하고 탈락한 원고가 꽤 쌓여 있었다. 나는 그중에서「첫사랑」이라는 원고를 골랐다. 일본에서 홀로 투병하다가 귀국해 세상을 떠났던 큰외삼촌을 떠올리며 쓴 단편소설인데, 대만 독자에게 한국인의 정서를 보여주기에 좋지 않을까 싶었다.

시간을 쪼개 전면수정해 마감한 원고는『INK』2020년 2월호 지면에「我的外婆, 她的初戀」라는 제목으로 실렸다. 한자로 인쇄된 지면이어서 읽을 수는 없었지만,「첫사랑」은 내가 세상에 처음 발표하는 단편소설이 됐다. 외장하드디스크에 묻힌 지 무려 12년 만에. 내 소설 중 처음으로 해외에 번역된 작품이기도 하다.

그로부터 두 달 후, 나는 다시 한번 단편소설 청탁을 받았다. 이번에 내게 청탁한 매체는 시 전문 계간지인『시인수첩』이었다. 『INK』의 청탁을 받았을 때만큼이나 당혹스러웠지만, 무명작가인 나는 매체를 가릴 처지가 아니었다. 어떤 형태로든 단편소설을 발표할 지면이 주어지는 기회는 흔치 않으니 말이다.

내가 『시인수첩』에 단편소설을 실을 지면은 '소설로 읽는 시'라는 코너였는데, 공교롭게도 내 외장하드디스크에 신라 향가인 '처용가鄕容歌'를 주제로 쓴 오래된 원고가 있었다. 향가 또한 시라고 할 수 있으니 청탁의 취지에도 어긋나지 않았다. 내가 다듬어 마감한 원고는 외장하드디스크에서 11년 만에 벗어나 『시인수첩』 2020년 봄호에 「처용무」라는 제목으로 실렸다.

등단을 꿈꾸는 예비 작가 상당수가 신춘문예나 문예지 신인 공모에서 탈락한 원고를 다듬어 이듬해에 재활용한다. 공들여 쓴 원고를 묻어두기가 아깝기도 하고, 새로운 원고를 쓸 여력이 없기 때문이기도 할 테다. 그런 과정을 통해 등단하는 사례도 없진 않지만, 그보다는 새로운 원고를 써서 등단에 도전하는 게 훨씬 효율적인 전략이라고 생각한다.

복잡한 설명이 필요 없다. 총알 하나를 공들여 만드는 것보다, 가능한 한 총알을 많이 준비해두는 게 명중 확률을 높이는 데 도움이 되지 않겠는가.

쌓아둔 재고는 언제든 요긴하게 써먹을 날이 온다. 박민규 작가가 대표적인 사례다. 그는 지난 2003년 장편소설 『지구영웅전설』로 문학동네작가상, 장편소설 『삼미슈퍼스

타즈의 마지막 팬클럽』으로 한겨레문학상을 동시에 받으며 화려하게 등단했다. 사실 그는 등단하기 전에 단편소설을 수십 편 써서 신춘문예에 도전했다가 모두 탈락했다고 고백한 바 있다. 그때 탈락한 단편소설은 등단 후 신동엽창작상, 이효석문학상, 이상문학상 등 주요 문학상 후보에 오르고 수상까지 하며 주목을 받았다. 탈락 원고를 금이야 옥이야 돌볼 시간에 새로운 원고를 써서 재고를 늘리자.

당신의 모든 일상이 주제이며 소재다

노을 진 초저녁에 버스에서 내려 집으로 걷는 퇴근길을 떠올려 보자. 이런 짧고 평범한 일상을 어떻게 소설로 풀어 낼 수 있을까. 장편소설은 채워야 할 원고의 절대량이 있으므로, 퇴근길만으로 의미 있는 원고를 완성하기가 어렵다. 하지만 단편소설로는 충분히 가능하다. 직장에서 겪은 부조리에 관한 단상을 리얼리즘 소설로 풀어낼 수도 있다. 퇴근길에 매일 만나는 길고양이를 주인공으로 삼은 판타지 소설이 탄생할지도 모른다. 버스 정류장에서 자주 마주치는 누군가를 상상하며 로맨스 소설을 쓸 수도 있다. 내가 한계를 두지 않는 한, 소설로 표현하지 못할 한계는 없다.

장편소설은 한 번 쓰기 시작해 궤도에 오르면 좀처럼 변화를 주기가 어렵다. 그런 이유로 나는 장편소설을 쓸 때 실패하지 않으려고 잘 쓰는 주제를 다루는 편이다. 『침묵주의보』, 『젠가』, 『정치인』으로 이어지는 '조직 3부작' 사회파 장편소설은 그런 보수적인 자세에서 나온 결과물이라고도 할 수 있다.

반면 단편소설은 쓰다가 실패했음을 깨달아도 미련을 두지 않고 다시 시작하기가 쉽고, 장편소설로 시도하지 못했던 다양한 소재를 활용할 수 있다. 그 때문에 나는 장편소설보다 단편소설을 쓸 때 마음이 훨씬 가볍다.

나는 일상으로부터 단편소설로 다룰 아이디어를 많이 얻는다. 예를 들어 앤솔로지 『이달의 장르소설 1호』에 실었던 「사랑의 유통기한」은 영화 「맨 프럼 어스」를 보고 아이디어를 얻은 단편소설이다. 구석기 시대 유럽에서 태어나 1만 년 넘게 살아왔으며, 심지어 인류 역사의 물줄기를 바꾼 중요한 인물이기도 했음을 암시하는 주인공. CG도 없이 한 공간에서 몇 명의 대화로만 진행되는 저예산 영화인데도 그 어떤 SF보다 흥미롭고 환상적이었다. 나는 영화처럼 소설로 우리 역사와 신화 속의 인물을 현대에 되살려보고 싶었다.

시간을 거슬러 올라가며 여러 인물을 살피던 나는 그 끝에서 우리 민족의 시원始原인 웅녀를 만났다. 만약 웅녀가 지금까지 살아있다면 어떤 모습으로 살아가고 있을까. 또 어떤 삶을 살아왔을까. 이 질문 앞에서 내 상상력은 여러 갈래로 뻗어 나갔다. 상상력이 닿은 부분에서 만난 여러 이야기를 차곡차곡 모아서 엮으니 소설 하나가 만들어졌다.

다른 단편소설 역시 마찬가지다. 격월간 『악스트』 2023년 7/8월호에 실었던 「동상이몽」은 지난 2022년 대통령 선거 TV토론 당시 이재명 더불어민주당 후보의 김포 집값 발언 논란을 바탕으로 쓴 단편소설이다. 나는 김포시 주민이어서 당시 상황을 둘러싼 첨예한 입장 차를 확실하게 이해하고 다룰 수 있었다. 월급사실주의 동인지 『귀하의 노고에 감사드립니다』에 실은 「숨바꼭질」은 실제로 내가 원룸에서 전세로 살다가 보증금을 받지 못해 벌어졌던 갈등을 고스란히 담아냈다. 반연간 『문학수첩』 2022년 상반기호에 실었던 「네버 엔딩 스토리」는 최근에 사회적 이슈로 떠오른 '학폭 미투'에서 착안해 가해자가 된 피해자의 서사를 담아냈는데, 내가 학창시절에 경험한 학원 폭력이 중요한 모티브가 됐다. 앤솔로지 『주종은 가리지 않습니다만』에 실은 「징검다리」를 쓸 땐 중고거래 플랫폼 당근마켓에서 삼겹살에 소주를 함께 먹을 사람을 찾는 판매글을 보고 아이디어를 얻었다. 한국문화예술위가 주관하는 『코로나19, 예술로 기록』 사업을 통해 발표한 「혐오스러운 소설가의 영업일기」는 장편소설 『나보다 어렸던 엄마에게』를 출간한 후 홀로 동네서점을 돌아다니며 영업했던 경험이 소설을 쓰는 계기가 됐다.

기억은 쉽게 휘발하므로, 떠오른 아이디어를 나중에 써먹으려면 어떤 형태로든 흔적을 남겨둬야 한다. 나는 습관적으로 휴대전화나 노트북의 텍스트 파일을 열어 메모 한 줄을 남기곤 한다.

최근에 내가 남긴 메모는 다음과 같다. 결혼과 비혼, 교사를 살해한 학생, 자동차 접촉사고 후 드러눕는 인간, 히브리어 '나캄(복수)'과 '나함(위안)'의 어원은 동일, 이혼한 아버지와 면접장에 나란히 앉은 딸, 육아휴직을 신청한 중견기업 재직 남성, 동네 철물점이 망하지 않는 이유, 남자는 상대의 성공을 질투하고 여자는 행복을 질투한다, 열 손가락 깨물어 안 아픈 자식 없다는 말은 거짓말…… . 이들 중 어떤 메모가 나중에 단편소설의 씨앗이 될까. 나도 몹시 궁금하다.

누구나 쓸 수 있지만
아무나 출간할 순 없다
: 산문

산문? 에세이? 수필?

이번에는 소설에서 잠시 벗어나 산문에 관한 잡설을 풀어보려고 한다. 잡설을 풀기 전에 먼저 용어부터 짚고 넘어가 보겠다. 산문, 에세이, 수필 중 어느 단어가 옳은 표현일까. 출판 시장에선 대체로 세 단어가 같은 의미로 쓰이고 있는데, 긴가민가하면 사전부터 살피는 게 상책이다.

사전에 따르면 산문은 '운율 등의 규범이나 정형 따위에 얽매이지 않고 쓴 글'을 의미한다. 수필은 '형식의 제약을 받지 않고 자신의 체험, 의견이나 감상 등을 적은 산문 형식의 글'을 말하는데, 그 성격에 따라 경수필(미셀러니)과 중수필(에세이)로 나뉜다. 에세이는 수필의 일종인 셈이다. 세 단어는 서로 같은 듯 다르다.

출판 시장에선 에세이라는 표현이 가장 많이 쓰이는데, 과연 그 표현이 옳은지 의문이다. 사전에 따르면 에세이는 '논리적이고 객관적이며 비개성적인 형태의 수필'이고 미셀러니는 '일상생활에서의 느낌이나 체험을 쓴 수필'이다. 그런데 서점에는 에세이보다 미셀러니 성격의 글을 담은 책이 훨씬 많다.

반면 산문은 시를 제외한 거의 모든 글을 포괄하는 개념이다. 즉 수필은 산문의 일부다. 그렇다면 산문이라는 단어가 에세이나 수필보다 더 적당한 표현이 아닐까. 이에 관해 정리된 의견은 없지만, 나는 산문이라는 단어를 사용할 생각이다. 내겐 산문이 에세이, 수필보다 더 품이 넓은 단어로 느껴지기 때문이다.

당신도 산문집 작가가 될 수 있다

산문집은 서점에서 가장 흔하게 보이는 종류의 책이다. 연예인이나 정치인 같은 유명인은 물론, 글쓰기와 관련 없어 보이는 평범한 사람이 저자인 산문집도 많다. 내가 신문사에서 문학 담당 기자로 일했던 시절, 매주 편집국으로 배달되는 홍보용 신간은 최소한 100권 이상이었고 많을 땐 200권이 넘어갈 때도 있었다. 그중에서 가장 많은 신간은 산문집이었다. 체감상 신간 열 권 중 두세 권은 산문집이었던 것 같다.

한정된 지면 때문에 산문집을 기사로 싣는 경우는 유명 작가가 쓴 책이 아니면 드물고, 싣더라도 대부분 단신으로 처리된다. 그러다 보니 일이 바쁠 땐 아예 산문집을 빼고 지면에 실을 신간을 고르는 일도 잦았다.

그런데 이상한 일이다. 도대체 왜 이렇게 많은 산문집이 출판 시장에 쏟아지는 걸까. 앞서 설명했듯이 신간 소설 단행본 중 1쇄를 소화하는 책이 열에 하나도 안 되는 게 현실이어서, 출판사는 소설 출간을 결정할 때 계산기를 두드리며 보수적으로 움직인다. 소설가로 등단해도 번듯한 문학 출판사에서 자기 이름으로 단행본 한 권을 내기가 쉽지 않다.

이 같은 현실을 거꾸로 바라보면, 왜 산문집이 서점에 넘쳐나는지 이유를 알 수 있다. 간단하다. 소설보다 산문집을 만들어 파는 게 출판사에 위험부담이 적고 이윤을 낼 가능성도 더 크기 때문이다.

나는 지난 2021년 5월 한 출판사와 첫 산문집을 계약했다. 내게 먼저 출간을 제안한 출판사에 고마우면서도 한편으로는 의문이 들었다. 출판사는 딱히 유명한 작가도 아닌 나와 무엇 때문에 산문집을 계약한 걸까. 계약서 작성 후 나와 함께 족발집에서 막걸리를 마시던 출판사 대표는 붉어진 얼굴로 명쾌한 답변을 내놓았다.

소설을 읽는 데 부담을 느끼는 독자는 많지만, 산문집을 읽으며 부담을 느끼는 독자는 드물다고. 그래서 소설의 타깃 독자는 한 줌에 불과한데, 산문집의 타깃 독자는 국민 전체라고. 소설은 대체로 출간 초기에만 반짝 팔리지만, 산문집은 오랜 기간에 걸쳐 꾸준히 팔린다고. 출판사로선 산문집을 만들어 팔면 이득은 못 봐도 크게 손해 볼 일이 없고, 발행 실적도 올릴 수 있으니 좋다고. 추가 질문이 필요 없는 답변이었다.

출판사 대표의 답변에서 짐작할 수 있듯이 한국 출판 시장에서 소설이 차지하는 비중은 그리 크지 않다. 소설 단행본은 1만 부만 팔아도 베스트셀러 반열에 오르고, 해당 작가는 한국 문학계의 신성으로 주목을 받게 된다.

1만 부가 어느 정도인지 감이 잘 오지 않는다면 더 쉬운 예를 들겠다. 소설 단행본은 1쇄로 적게는 1000부, 많으면 2000부를 찍는다. 1만 부를 팔았다는 말은 최소한 5쇄 이상을 찍었다는 말과 같고, 출판 시장에서 5쇄 이상을 찍는 소설 단행본은 극히 드물다. 어지간한 유명 작가의 작품도 어려운 일이다.

10만 부 이상 팔았다? 그건 당해 한국 문학계의 이슈로 꼽힐 만큼 대사건이다. '퀴어 서사'로 주목을 받으며 부커상 최종후보에 올랐던 박상영 작가의 연작소설집『대도시의 사랑법』의 누적 판매부수가 10만 부다. 100만 부 이상 팔았다? 그건 역사가 된다. 조세희 작가의 연작소설『난장이가 쏘아올린 작은 공』, 김훈 작가의 장편소설『칼의 노래』등이 그 예다.

시선을 돌려 산문집 시장을 살펴보자. 이기주 작가가 지난 2016년에 출간한『언어의 온도』는 최근 170만 부 기념 에디션을 내놓았다. 참고로『난장이가 쏘아올린 작은 공』은 출간 29년 만에 판매부수 100만 부를 돌파했다. 백세희 작가가 지난 2018년에 출간한『죽고 싶지만 떡볶이는 먹고 싶어』는 지금까지 50만 부 이상의 판매고를 올렸다. 김영하 작가의『여행의 이유』는 출간 한 달 만에 20만 부 이상 팔리며 그의 최고 히트작이 됐다. 이 밖에도 김이나 작가의『보통의 언어들』, 김혜남 작가의『만일 내가 인생을 다시 산다면』, 김미경 작가의『김미경의 마흔 수업』등이 10만 부 이상 팔렸다며 뉴스를 탔다. 소설 독자는 한 줌인데, 산문집 독자는 전 국민이라던 출판사 대표의 말은 과장이 아니다.

산문집이 출판 시장에 넘쳐나고 많이 팔린다는 사실은

누구나 산문집의 저자가 될 기회가 열려있다는 말과 같다. 일단 소설 단행본을 만드는 출판사보다 산문집을 만드는 출판사가 훨씬 많다. 온라인 서점에 들어가서 신간 산문집을 출간한 출판사 이름을 살펴보라. 얼마나 많은 출판사가 있는지 헤아리기도 어려울 것이다. 투고로는 출간 가능성이 희박한 소설과 달리, 산문집 출간 상당수는 투고로 이뤄진다. 흥미로운 내용을 담은 원고와 기획안을 갖고 있다면, 투고로 출판사의 벽을 뚫을 가능성이 소설보다 훨씬 크다. 심지어『언어의 온도』와『죽고 싶지만 떡볶이는 먹고 싶어』는 독립출판물로 시작해 상업적으로 성공한 사례다. 소설로는 상상도 할 수 없는 일이다.

나만 쓸 수 있는 글이 경쟁력이다

소설 쓰기를 시작하기가 부담스럽고 어렵게 느껴진다면, 먼저 자신이 좋아하고 익숙한 주제로 자유롭게 산문을 써보기를 권하고 싶다. 편안한 마음으로 아무도 보지 않는 일기를 쓰듯이 쓰는 게 가장 좋다고 생각한다. 글쓰기도 몸에 근육이 붙는 과정과 비슷해서 쓰면 쓸수록 '글빨'이 늘어난다. 소설이 아니더라도 가능한 한 많은 글을 써보는 게 나중에 소설을 쓸 때도 큰 도움이 된다.

초반에 고백하지 않았던가. 나는 소싯적에 작곡하며 멜로디에 가사를 붙이다가 글쓰기를 시작했다고 말이다. 지금 이 글도 내 경험을 바탕으로 쓴 산문이란 사실을 잊지 말자.

내가 산문집 원고를 쓰는 과정은 일보다는 놀이에 가까웠다. 나는 출판사에 술안주를 주제로 산문집을 써보겠다고 제안했다. 나는 술을 마시기 위해 안주를 먹기보다는, 안주를 먹기 위해 술을 마시는 사람이다. 안주가 없는 술자리는 상상조차 하기 싫다. 서점을 돌아다녀 보니 음식이나 술을 주제로 쓴 산문집은 많은데, 놀랍게도 안주만을 주제로 쓴 산문집은 하나도 보이지 않았다. 흔하지만 아무도 관심을 가지지 않았던 주제. 바로 이거구나 싶었다. 출판사는 내 말이 일리 있다며 흔쾌히 제안을 받아들였다.

지난 2022년, 나는 장편소설 『정치인』 원고를 드라마 각본으로 각색하는 작업을 하면서 극심한 스트레스에 시달렸다. 앞서 언급했듯이 지금까지 내가 소설을 써 온 방식을 버리고 새로운 글쓰기 방식에 적응하는 일이 쉽지 않았기 때문이다. 그때마다 나는 산문집 원고를 썼다. 대학 시절에 1000원이 모자라 사 먹지 못했던 프라이드치킨, 홀로 1번국도를 걸으며 소주 안주로 씹었던 육포, 신입 기자 회식에서 처음 먹었던 평양냉면, 고시원에서 라면스프에 찍어 먹던 삶은 달걀, 어머니가 생전에 부쳐 주신 배추전, 술자리에서 아내와 나를 이어준 인연이 된 골뱅이, 실연당한 후 홀로 반지하방에서 소주와 함께 먹었던 컵라면……. 글이 그야말로 술술 흘러나왔다.

나는 지금까지 먹은 맛있고 흔한 안주 서른 가지를 주제로 잡설을 풀어내며 희열을 느꼈다. 글을 쓰는 내내 입안에

침이 고여 참기가 어려웠다. 덕분에 나는 각색 작업에서 받은 스트레스도 풀고, 덤으로 첫 산문집 『안주잡설』까지 무사히 완성해 원고 마감 기한보다 훨씬 일찍 출판사에 넘길 수 있었다.

누구나 산문을 쓸 수 있지만, 아무나 산문집을 출간할 순 없다. 자기가 쓴 산문을 한 권의 책으로 묶어 산문집으로 출간하기 위해선 기존 산문집과 다른 '셀링 포인트'가 있어야 한다. 출판사는 기업이다. 기업의 목적은 이윤 추구다. 출판사가 산문집이라는 상품으로 이윤을 내려면, 그 상품이 이윤을 낼 만한 가치가 있어야 하지 않겠는가. 나만 쓸 수 있는 콘텐츠로 산문집을 만들어야 출간 기회를 잡을 수 있고 출판 시장에서 경쟁력을 갖는다.

요즘 내가 주목하는 산문집의 주제는 직업인으로서의 일상이다. 용접공 출신인 천현우 작가가 쓴 『쇳밥일지』는 사각지대에 놓인 청년 노동자의 삶을 통해 고도 성장의 그늘을 보여주며 사회적인 반향을 일으켰다. 특수청소업체 대표인 김완 작가가 쓴 『죽은 자의 집 청소』는 고독사와 사회적 고립에 관해 진지하게 고민해 보게 만든 훌륭한 직업 산문집이다. 대학 시간강사 출신인 김민섭 작가가 쓴 『나는 지방대 시간강사다』는 노동자로 대우받지 못하는 대학원생과 시간강사의 삶을 전하며 온전한 노동이란 무엇인가에 관한 질문을 던졌다. 천문학자인 심채경 작가가 쓴 『천문학자는 별을 보지 않는다』는 일상 속의 과학과 과학자의 일상을 진

솔하게 보여주며 천문학에 관한 대중적인 관심을 불러일으켰다.

'짬에서 나온 바이브'는 그 어떤 작가도 흉내 낼 수 없는 최고의 자산이다. 그 귀중한 자산을 일상의 피곤 속에 묻어버리는 건 아까운 일이다.

좋은 산문집은 소설 이상으로 뛰어난 스토리텔링 수단이기도 하다. 강창래 작가의『오늘은 좀 매울지도 몰라』는 한석규, 김서형 주연의 동명 드라마로도 만들어져 화제를 모았다. 검사 출신인 김웅 작가가 쓴『검사내전』도 동명 드라마의 원작이다. 변호사 출신인 조우성 작가의『한 개의 기쁨이 천 개의 슬픔을 이긴다』는 박은빈 주연 드라마『이상한 변호사 우영우』의 일부 에피소드의 원작으로 쓰였다. 앞서 언급한 이기주 작가의『언어의 온도』도 동명의 웹드라마로 만들어진 바 있다. 간호사 출신인 김현아 작가의『나는 간호사, 사람입니다』도 드라마로 만들어질 예정이다.

이젠 소설뿐만 아니라 산문집도 드라마로 만들어지는 세상이다. 잘 써서 판권을 판 산문집은 열 소설 부럽지 않다.

조금 늦게 시작해도
괜찮은 직업

예술은 젊은 천재의 몫이다

지난 2016년 3월, 나는 산문집『바람아, 불어라』를 출간한 포크 싱어송라이터 한대수 선생과 서울 신촌에 있는 자택에서 인터뷰를 나눴다. 그의 이름 앞에는 관성처럼 '전설'이란 수식어가 붙는데, 나는 그 수식어에 의문이 들었다. '전설'이란 단어의 어감은 미래보다는 과거와 더 잘 어울린다. 한 선생은 당시 칠순을 앞둔 나이인데도 음악, 미술, 저술 등 전방위에 걸쳐 열정적으로 활동하는 아티스트였다. 나이와 관계없이 '현역'인 그의 이름 앞에 '전설'은 이른 수식어라는 게 내 생각이었다.

한 선생은 내 생각에 동의한다며 껄껄 웃다가 문득 내게 날카로운 질문을 던졌다. 본인의 최근 앨범 중 어떤 앨범이 가장 괜찮았느냐고 말이다.

말문이 막혔다. 그가 1974년에 내놓은 첫 번째 정규 앨범『멀고 먼 길』은, 1975년에 내놓은 두 번째 정규 앨범『고무신』과 더불어 한국 대중음악사에 가장 비중 있게 놓이는 명반이다. 그가 1989년에 내놓은 세 번째 정규 앨범『무한대』역시 앞선 두 앨범의 완성도에 뒤떨어지지 않는 명반이다. 나는 그의 앨범 중 가장 세련되고 진보적인 음악을 담은『무한대』를 가장 좋아한다.

그런데 대중은 한 선생이『무한대』이후 무려 열두 장의 정규 앨범을 더 내놓았다는 사실을 잘 모른다. 심지어 20세기보다 21세기에 내놓은 앨범이 더 많다. 한국대중음악상

선정위원으로 활동하며 음악을 남들보다 훨씬 많이 듣는 나도 그가 21세기에 내놓은 앨범 대부분을 놓쳤다.

그는 내게 자신의 창작력은 20대에 바닥을 드러냈다고 고백했다. 나는 그가 40대에 내놓은 『무한대』를 반례로 들었지만, 그는 고개를 저으며 쓸쓸하게 말했다.

"한국음악저작권협회에 확인해 보니 내가 작곡한 곡이 140곡 정도 되더라. 그런데 그중 80여 곡이 내가 18살부터 23살 사이에 만든 곡이야. 비틀스를 비롯해 위대한 뮤지션 대부분이 20대 때 수많은 명곡을 쏟아냈어. 뮤지션만 그런 줄 알아? 화가, 시인, 운동선수도 20대에 전성기를 맞아. 정기자도 생각해 봐. 20대 넘어서 위대한 작품을 만든 아티스트를 본 적 있어? 천재는 20대에 끝나. 나는 군대에 발목이 묶여 20대를 허비한 게 지금도 너무 아쉬워. 그때 군대에 있지 않았다면 더 좋은 음악을 많이 만들 수 있었을 거야."

나는 한 선생의 고백에 공감할 수밖에 없었다. 공감하기 어렵다면, 미국의 음악 잡지 롤링 스톤Rolling Stone이 지난 2020년에 선정한 명반 500개 리스트를 맨 위에서부터 살펴보자. 마빈 게이의 『What's Going On』, 비치 보이스의 『Pet Sounds』, 조니 미첼의 『Blue』, 스티비 원더의 『Songs in the Key of Life』, 비틀스의 『Abbey Road』, 너바나의 『Nevermind』, 플리트우드 맥의 『Rumours』, 프린스의 『Purple Rain』 등. 리스트에 오른 앨범 대부분 해당 뮤지션이 20대, 늦어도 30대 초반에 내놓은 결과물이다.

나는 한 선생의 앨범 중 『무한대』를 가장 좋아해도, 그 앨범이 『멀고 먼 길』보다 위대하다고 생각하진 않는다. 『멀고 먼 길』이 한국 대중음악사에 미친 영향은 『무한대』와 비교할 수준이 아니다. 『멀고 먼 길』이 없었다면 한국 모던 포크의 등장도, 싱어송라이터의 등장도 많이 늦어졌을 테니 말이다. 지난 2018년 대중음악 평론가들이 모여 선정한 '한국 대중음악 명반 100' 리스트에 『멀고 먼 길』은 8위에 올랐지만, 『무한대』는 없다.

천재는 20대에 끝난다는 선생의 고백에 나는 동의한다. 안타깝지만 열정을 가진 누구나 예술을 할 수 있다는 응원은 참가에 의의를 두는 생활예술에서나 통한다. 냉정하지만 예술은 젊은 천재의 몫이다.

소설은 둔재의 예술이다

그런데 소설은 희한한 예술이다. 다른 예술가와 달리 소설가의 이름 앞에 '천재'라는 수식어가 붙는 경우는 드물다. 한국 문단에선 고등학교 2학년 때 한국일보 신춘문예에 가작으로 입선해 문단에 데뷔한 최인호 작가, 23살에 한국 문학의 걸작으로 꼽히는 단편소설 「무진기행」을 쓴 김승옥 작가 정도만 '천재' 소리를 들었을 뿐이다.

김연수, 김애란, 한유주, 김사과, 전아리 등 20대 청년기에 등단해 지금까지 활발하게 작품 활동을 하는 작가는 많다. 하지만 이들 중에 '천재' 소리를 듣는 작가는 없다.

유명한 소설가를 살펴보면 늦은 나이에 데뷔해 정력적으로 작품 활동을 펼치는 이가 많다. 고(故) 박완서 작가가 장편소설 『나목』으로 데뷔했을 때 나이는 마흔이었다. 김훈 작가는 오랜 세월 기자로 일하다가 지천명을 넘긴 나이에 쓴 장편소설 『칼의 노래』로 동인문학상을 받았고 우리 시대 최고의 문장가로 불리고 있다. 장강명 작가는 마흔 살을 넘긴 나이에 수림문학상, 문학동네 작가상, 제주4.3평화문학상, 오늘의작가상 등 주요 문학상을 한꺼번에 휩쓸며 문단에 파란을 일으켰다.

다른 예술 분야에선 이런 사례를 찾아보기가 어렵다. 공교롭게도 대부분 단편소설보다 장편소설로 일가를 이룬 작가들이다.

이 같은 현상에 관해 김탁환 작가는 "장편소설은 둔재(鈍才)의 예술이기 때문"이라는 이유를 들었다. 지난 2019년 5월, 나는 장편소설 『대소설의 시대』를 출간한 그와 서울 연희문학창작촌에서 인터뷰를 나눴다. 그는 내게 "당대에 우리가 직면한 사회 문제를 파고들어 깊이 있게 담아낼 수 있는 문학 양식은 장편소설"이라며 "엉덩이가 무거운 사람이 좋은 작품을 쓰기 때문에 매일 쓰는 것이 중요하다"고 강조했다. 장편소설 집필은 필연적으로 긴 호흡을 요구한다는 의미일 테다.

그런 시각의 연장선상에서 김 작가는 "장편소설을 쓰는 작가의 수명은 마흔 살에 시작된다"고 말했다. 장편소설을 쓸 땐 답사, 연구, 분량에 드는 노력과 시간을 정확히 계측해야 하는데 마흔 살 정도는 돼야 그게 가능해진다는 게 이유다.

나는 김 작가의 말에 많은 용기를 얻었다. 경험해보니 장편소설은 단편소설처럼 반짝이는 감각과 재주만으로 원고량을 채울 수 없다. 이야기가 산으로 가지 않도록 계획해야 하고, 꼼꼼하게 취재해야 하며, 직간접적으로 다양한 경험을 해야 디테일한 작품을 쓸 수 있다. 무엇보다도 이 모든 과정을 견뎌낼 인내심이 필요하다.

만약 내가 20대였다면 『침묵주의보』, 『젠가』, 『나보다 어렸던 엄마에게』, 『정치인』 같은 장편소설을 절대 쓰지 못했을 것이다. 그런 장편소설을 쓸 수 있을 만큼 많은 실패를 해보지 못했고, 다양한 경험을 쌓지 못한 데다, 설사 그런 실패와 경험을 했더라도 한 자리에 오랜 시간 버티고 앉아 있지 못했을 테니까.

장편소설을 쓰는 과정은 정신 노동과 육체 노동 사이의 어딘가에 있다. 이는 허세나 과장이 아니다. 나는 장편소설 초고 한 편을 완성하는 사이에 최소한 4~5kg의 몸무게가 빠지고, 완성 후에는 후유증 때문에 최소한 한 달 이상 방전 상태로 지낸다. 내가 아는 최고의 다이어트 방법은 장편소설 쓰기다.

마흔 살 무렵은 장편소설을 쓰는 데 필요한 정신력과 체력뿐만 아니라 경험치까지 조화롭게 어우러지기 시작하는 나이가 아닌가 싶다. 내가 기자 경력을 마치고 전업 작가의 세계로 뛰어들었을 때 나이도 마흔 살이었다. 소설 쓰기는 조금 늦게 시작해도 늦은 게 아니다. 오히려 좋은 면이 더 많다. 앞으로 내가 나이 들어가며 어떤 소설을 쓸지 기대된다.

라이터스 하이

내가 전업 작가로 살겠다고 결심할 때 가장 마음에 걸렸던 부분은 아내였다. 내가 속한 조직은 어딜 가도 명함을 내밀기가 부끄럽지 않았고, 처우도 동종업계에서 좋은 편이었다. 조직에선 나를 붙잡았으면 붙잡았지 나가라고 등을 떠미는 사람도 없었다. 아내 역시 내가 기자로 일한다는 사실을 자랑스럽게 여겼다. 내 퇴사 결정은 남들이 보기에 꽤 무모했다.

나는 걱정하는 아내에게 전업 작가로 살기 위해서가 아니라, 콘텐츠 사업을 하기 위해 퇴사하는 거라고 말했다. 내가 앞으로 쓸 소설이 사업의 아이템이 될 테고, 그 아이템으로 '원 소스 멀티 유스'를 실현하면 사업에 승산이 있다고. 게다가 이 사업은 무리하게 대출받을 일이 없다고. 나만 갈아서 넣으면 되니까 큰 빚을 지며 망할 일도 없다고. 책을 많이 팔아 인세로 돈을 벌겠다는 전략보다 훨씬 현실적이라고.

『침묵주의보』를 원작으로 한 드라마 제작이 결정되는 모습을 본 아내는 다행히 내 결정을 믿고 지지했다. 아내의 지지는 가본 적 없는 길을 가는 내게 큰 힘이 됐다. 나는 퇴사

후 쓴 『젠가』와 『정치인』의 드라마 판권을 차례로 판 데 이어, 『나보다 어렸던 엄마에게』가 라디오 드라마로 만들어지는 모습도 아내에게 보여주며 그 믿음에 보답할 수 있었다.

그 과정에서 따라온 수익 역시 안정적이진 않아도 기자로 일하던 시절과 비교해 절대 적지 않았다. 내 사업은 나름대로 순항 중이다.

큰 수익이 나지 않더라도 소설 쓰기라는 사업의 만족도는 대단히 크다. 내가 지난 몇 년 동안 가장 많이 받은 질문은 퇴사를 후회한 적 없느냐였다. 내 대답은 늘 "단 한 번도 후회한 적 없다"였다.

기자로 일할 때는 아무리 주체적으로 일해도 조직의 일을 대신 해주고 있다는 기분을 지우기가 어려웠다. 내 기사가 데스킹을 거치는 동안 원래 모습을 잃어버려 내가 쓴 기사라고 부를 수 없게 된 경우도 많았다. 소설은 죽이 되든 밥이 되든 일단 쓰면 내 것이다. 망해도 내 것, 잘 돼도 내 것이다. 아무리 힘이 들어도 온전히 내 일을 하고 있다는 기분을 느끼게 한다.

이게 과연 나만 느끼는 기분일까. 어쩌다 작가들끼리 모이는 사이에 끼어들어 오가는 이야기를 듣다 보면, 이야기가 신세 한탄으로 흐를 때가 많다. 자신의 원고를 무시하는 편집자를 비판하고 원고료를 떼먹는 출판사를 성토하다가 앞으로 과연 글로 먹고살 수 있을지 걱정한다. 그런데 자기가 작가가 됐다는 사실을 진심으로 후회하는 작가는 한 사람도 없었다.

내가 기자로 일하던 시절에는 퇴사가 동료 기자들과 가지는 술자리의 단골 주제였다. 다른 직업을 가진 지인이나 친구와 이야기를 나눌 때도 마찬가지였다. 작가는 내가 지금까지 본 가장 자기만족도가 높은 직업이다.

나는 2023년 초에 산문집 『안주잡설』을 내고 한 라디오 프로그램에 게스트로 출연한 일이 있다. 진행자는 베스트셀러 『대통령의 글쓰기』, 『강원국의 글쓰기』로 유명한 강원국 작가였다. 나는 출연에 앞서 그의 책을 읽다가 한 단락을 읽고 깊이 공감했다. 그래서 한 번 소설을 쓴 사람은 계속 소설을 쓰게 되는구나. 그 단락에 담긴 문장에서 '책'이라는 단어를 모두 '소설'로 바꾸니 내가 소설을 쓰는 이유가 됐다.

"책의 가치는 세 방향에서 확인해 볼 수 있지 않을까. 쓰는 사람이 평가하는 가치, 읽는 이가 느끼는 가치, 세상 사람이 부여하는 가치. 세 가지 중 하나만 충족해도 쓸 이유는 충분하다. 책을 쓴다는 것은 사랑에 빠지는 것이다. 나를, 혹은 누군가를, 또는 무엇인가를 사랑하는 사람만이 책을 쓴다. 책 쓰는 고통을 온전히 홀로 견뎌야 하기 때문이다. 그런 사랑의 결과로 책이라는 자식을 낳게 된다. 자식은 성공할 수도 있고 실패할 수도 있다. 그러나 실패를 걱정해서 자식을 안 낳진 않는다. 모든 자식이 유명인이 되고 효자 효녀가 되는 것도 아니다. 자식은 그 자체로 기쁨이고 축복이다."(『강원국의 글쓰기』 266쪽)

숨이 차오를 때까지 달리다 보면 오히려 기분이 상쾌해지고 행복해질 때가 있는데, 이런 쾌감을 '러너스 하이runner's high'라고 부른다. 이를 소설가에 빗대면 '라이터스 하이writer's high'라고 불러도 되지 않을까. 게다가 소설 쓰기에 필요한 장비는 원고 작성에 필요한 노트북이나 필기도구뿐이다. 가성비가 정말 훌륭하고 진입 장벽도 낮은 예술이다. 많은 사람이 '라이터스 하이'를 느끼고 공감하는 날이 왔으면 좋겠다.

경험들 04

소설은 실패를 먹고 자란다

정진영 지음

초판 1쇄 발행 2023년 11월 30일

발행, 편집 파이퍼 프레스
디자인 위앤드

파이퍼
서울시 중구 청계천로 40, 13층
전화 070-7500-6563
이메일 team@piper.so

논픽션 플랫폼 파이퍼
piper.so

ISBN 979-11-979918-4-4 04080